Empáticos

Desvelando el poder oculto de los empáticos y una guía para protegerse de los vampiros energéticos y los narcisistas

Índice

Introducción

¿Se siente mentalmente agotado después de pasar tiempo en público? ¿Se siente emocionalmente cansado cuando se encuentra entre una multitud? ¿Es usted sensible a las emociones de los demás? ¿Siente a menudo que es diferente a los demás? ¿Le han descrito como excesivamente sensible, blando o incluso susceptible? ¿Sus emociones son magnificadas e intensas? Si su respuesta es "sí", todos estos son signos de que puede ser un empático.

La empatía es la capacidad de comprender lo que sienten y experimentan los demás. Es un don maravilloso, pero ser un empático en el mundo moderno, no es nada fácil. Usted está rodeado y expuesto a entornos e individuos que pueden sobrestimularle. Para un empático, esta estimulación puede ser abrumadora. Las personas altamente sensibles a menudo luchan para hacer frente a los estímulos externos de la vida cotidiana. Los estímulos, unidos a la energía de los demás, pueden hacer que un empático se sienta agotado. Los empáticos suelen experimentar sobrecarga emocional, fatiga mental e incluso ansiedad. Actividades cotidianas tan sencillas como ir al trabajo en transporte público o ver la televisión pueden ser un reto para los empáticos.

El primer paso es aceptar y abrazar su don. La empatía es una fuerza, no una debilidad. Una vez que haya dado el primer paso, todo estará en su sitio. Después será el momento de aprovechar su don y de reconocer que es un empático. Al apreciar este maravilloso don con el que ha sido bendecido, la vida será más fácil.

En este libro, aprenderá sobre el significado y los rasgos comunes de los empáticos, los puntos fuertes y débiles de los empáticos y los factores que afectan a un empático, como la alimentación y el entorno. Incluye información sobre la importancia de llevar una vida equilibrada y los errores más comunes que deben evitar los empáticos para tener una vida feliz y saludable. También descubrirá consejos que le ayudarán a mantener relaciones sanas y exitosas, a elegir las mejores opciones profesionales y el papel que desempeñan los empáticos en el mundo actual. Como empático, es importante aprovechar y proteger su empatía del mundo. Siguiendo las sencillas técnicas y consejos que se exponen en este libro, puede liberar sus capacidades empáticas y protegerlas de los vampiros energéticos y los narcisistas.

Entonces, ¿está usted ansioso y emocionado por aprender más sobre esto? ¿Desea descubrir las facultades ocultas de la empatía? Si su respuesta es "sí" otra vez, es hora de empezar sin más preámbulos.

Capítulo 1: ¿Qué es un empático?

El significado de persona empática, empatía y empático

¿Le afectan los sentimientos de las personas que le rodean? ¿Otros le describen como empático? ¿Quizás a veces ha percibido y sentido las emociones de los que le rodean—incluidos los síntomas físicos—como si fueran propios? Si esto le resulta familiar, probablemente sea usted un empático. Esta sensibilidad es algo con lo que solo está bendecido un dos por ciento de la población en general. Las personas empáticas suelen utilizar su intuición y sus emociones para guiar su toma de decisiones en lugar de basarse en la lógica y el racionalismo. Se trata de un símbolo de fuerza y convicción personal y es, sin duda, una señal de empatía.

Los investigadores se interesan mucho por la empatía, pero solo unos pocos estudios se han centrado en la vida de un empático. Según la ciencia, muchos creen que los empáticos tienen neuronas espejo hiperactivas. Se trata de células cerebrales responsables de los sentimientos relacionados con la compasión. Una vez que estas neuronas espejo están hiperactivas, usted se vuelve hipersensible a los campos electromagnéticos del cerebro y del corazón. Esta es quizás una de las razones por las que es intuitivo y siente profundamente las emociones de los demás.

Pasar tiempo en público o estar rodeado de personas que sufren puede hacer que un empático se agote.

La dopamina es una sustancia química que desencadena sentimientos de placer. Los empáticos con tendencia a la introversión son sensibles a la dopamina. La estimulación excesiva puede abrumar a un empático. La gran noticia es que los empáticos tienen el poder de reprogramar sus mentes para tratar y evitar los estímulos externos innecesarios y llevar una vida más feliz. Incluso si no es introvertido, la hipersensibilidad conlleva varios efectos secundarios, como la sobrecarga emocional, el agotamiento, la depresión y la ansiedad. Un empático puede sentir estas emociones complejas cuando se expone a situaciones estresantes. Como es lógico, estos síntomas mentales y emocionales pueden presentarse en forma de dolores de cabeza, aumento del ritmo cardíaco y sensación general de fatiga.

Estas cosas ocurren debido a la incapacidad de un empático para distinguir sus sentimientos, emociones y dolor de los que le rodean. Interiorizar los propios sentimientos es difícil. Imagine que tiene que lidiar con una combinación de sus emociones y las de los demás sin ser consciente de las emociones que está sintiendo. Esto provoca una agitación interna extrema, que puede presentarse en forma de síntomas físicos. Por lo tanto, todos los empáticos necesitan comprender y proteger su energía personal de los demás.

Empáticos, introvertidos, personas altamente sensibles y narcisistas

No hay dos personas iguales; cada una es única. La neurodiversidad es la responsable de esta pluralidad. Todas las personas están conectadas de forma diferente, y esta diversidad en la red neuronal determina sus características únicas. Algunos individuos son incapaces de concentrarse en las tareas debido a sus altos niveles de energía, como los que padecen TDAH, mientras que otros necesitan la estimulación ambiental y social para mantenerse ocupados, como los extrovertidos. Las personas muy sensibles, los introvertidos y los empáticos se encuentran en el extremo del espectro de la personalidad en comparación con los extrovertidos. Todos los introvertidos pueden ser excesivamente estimulados por los estímulos externos y ser sensibles a los que les rodean. Pero hay una diferencia entre los introvertidos, los empáticos y los individuos altamente sensibles. Sí, aunque estas palabras se han utilizado como sinónimos, no son lo mismo.

Introvertidos

Como se ha mencionado, las personas reaccionan de forma diferente a los estímulos externos. No muchos entienden lo que significa la introversión. Los introvertidos no detestan los eventos sociales, simplemente tienen una idea diferente de las reuniones sociales y su enfoque es distinto al de los extrovertidos. Esta diferencia se debe a una diferenciación biológica natural, a la forma en que los individuos reaccionan ante las distintas situaciones y a sus ideas de relajación. Los introvertidos se sienten sobrestimulados cuando entablan conversaciones con varias personas. En cambio, prefieren mantener conversaciones profundas y genuinas con unos pocos individuos, a diferencia de los extrovertidos, que prosperan en las multitudes. Como sus sentidos se estimulan con facilidad, tienden a agotarse y abrumarse cuando están rodeados de varias personas—al contrario que los extrovertidos.

Estos factores son la principal razón por la que los introvertidos se apartan del mundo y tienen que tomarse un descanso y recargarse. Es un error pensar que los introvertidos hacen esto por falta de confianza en sí mismos o de autoestima. En cambio, es su forma de recargar sus baterías personales. Es una reacción natural a la presión y la estimulación excesivas. Por ejemplo, ¿qué ocurre cuando alguien le ilumina los ojos con una luz muy brillante? Aunque sea solo un segundo, vuelve la cara hacia otro lado o cierra los ojos. Piense que esta luz externa es toda la estimulación a la que se enfrentan los introvertidos. ¡Tarde o temprano, necesitan apartar la mirada!

Lo hacen retirándose del mundo durante un tiempo.

Personas altamente sensibles (PAS)

Una persona altamente sensible difiere de un introvertido. La única similitud es su umbral extremadamente bajo para la estimulación externa, como los olores, los sonidos y las luces. Las PAS no disfrutan de la socialización. Al igual que los empáticos, también necesitan la soledad para recargar sus baterías después de un día agitado. La estimulación les drena la energía y sobrecarga sus sistemas internos. Las PAS pueden ser introvertidas, pero no todas las introvertidas son PAS.

Empáticos

La empatía no está restringida a un tipo de personalidad en particular. Pueden ser introvertidos, extrovertidos o incluso ambivertidos. Todos los empáticos tienden a ser muy sensibles, pero, aunque todos los empáticos son PAS, no todos los PAS son empáticos. Los empáticos no solo sienten lo que otros sienten, sino que también pueden absorber las emociones en su cuerpo. Muestran niveles extremadamente altos de compasión y empatía por los que les rodean. Al igual que los introvertidos, a los empáticos les encanta pasar tiempo solos y necesitan la soledad para mantener una sensación de equilibrio y control. Su capacidad para comprender lo que viven los demás y su perspectiva los convierte en cuidadores naturales. Tienen un innegable impulso inherente de ayudar a otras personas. Tienen el don de la comprensión y la intuición. Cuando estos se unen a la compasión, resulta obvio que necesitan ayudar a los demás.

Como puede ver, muchos empáticos, introvertidos y PAS tienden a mostrar características que se solapan. Las diferencias que los distinguen son mínimas. Una similitud que no puede pasarse por alto es su extrema sensibilidad a los estímulos externos y la necesidad de pasar tiempo a solas para recargar su energía.

Narcisistas

Si los empáticos y las PAS se encuentran en un extremo del espectro empático, los narcisistas se encuentran en el otro extremo. La gente llama narcisistas a quienes carecen de empatía. Todo el mundo sabe que los opuestos se atraen, por lo que los narcisistas se sienten atraídos por los empáticos. La falta de empatía de un narcisista lo atrae hacia aquellos con altos niveles de empatía. La naturaleza cariñosa y nutritiva de un empático le impulsa a ayudar a un narcisista. Por desgracia, la naturaleza egoísta de un narcisista solo conduce al caos. Un empático da, mientras que un narcisista no entiende los fundamentos de una relación mutua. No son solo de los narcisistas de quienes los empáticos necesitan protegerse, sino de todo tipo de vampiros energéticos. En los capítulos siguientes aprenderá a hacer todo esto.

Los empáticos y la empatía

Tener empatía y ser empático son dos cosas diferentes. Cuando alguien se describe a sí mismo como empático, significa que su corazón se vuelca en los demás. Como empático, no solo se empatiza con los demás, sino que se experimentan sus sentimientos como si fueran propios. La compasión que experimenta por los demás se debe a las neuronas espejo. El sistema de neuronas espejo es hiperactivo en un empático, por lo que puede absorber las emociones y los síntomas físicos de los demás en su cuerpo. A veces, diferenciar entre las emociones propias y las de los demás resulta cada vez más difícil para un empático.

Los empáticos experimentan diferentes tipos de sensibilidad. Por ejemplo, los empáticos físicos pueden experimentar los síntomas físicos que otros experimentan y absorberlos en sus cuerpos. Su agudo sentido de la comprensión hace que los empáticos sean sanadores naturales. Muchos empáticos son sensibles a las emociones de los demás y las captan, independientemente de si son buenas o malas, mientras que otros son incluso sensibles a la comida y muestran una sensibilidad extrema a diversos ingredientes.

La empatía es un don porque aumenta la creatividad, la compasión y el sentido de la integración. También hace que el individuo se sienta bien conectado con los que le rodean y con el mundo. Sin embargo, vivir en este estado de estimulación puede ser emocionalmente agotador para un empático. Incluso las simples interacciones cotidianas pueden ser incómodas y una fuente de estrés. Aquellos que no son conscientes de sus capacidades empáticas utilizan mecanismos de adaptación poco saludables, como la dependencia al alcohol o a las drogas o la alimentación emocional para hacer frente a los retos cotidianos. En los siguientes capítulos aprenderás más sobre los puntos fuertes y débiles de un empático.

Rasgos comunes de los empáticos

Los empáticos son individuos muy sensibles, capaces de sentir y absorber las emociones de quienes les rodean. Este es quizás un rasgo característico de todos los empáticos. Comprender y racionalizar sus sentimientos puede resultar difícil cuando necesitan seguir filtrando todo lo que experimentan. Aparte de esto, todos los empáticos comparten rasgos comunes. Si usted cree que es un empático, es muy probable que tenga los rasgos mencionados en esta sección.

Alta sensibilidad

Como se ha comentado en el apartado anterior, los empáticos son personas muy sensibles. Pero hay una diferencia entre una persona altamente sensible y un empático. Todos los empáticos son sensibles, pero no todas las PAS son necesariamente empáticas. Si alguna vez le han dicho que se endurezca o que es extremadamente sensible, es un signo de empatía. Los empáticos pueden absorber y experimentar fácilmente lo que otros sienten. Son naturalmente afectuosos y lo harán independientemente de las circunstancias debido a su naturaleza generosa.

Absorber las emociones de los demás

Los empáticos no solo entienden lo que otros están experimentando y sienten sus síntomas físicos, sino que también están altamente sintonizados con los estados de ánimo y las emociones de los demás. Los empáticos pueden sentir literalmente todo, y a veces puede ser extremo. Esta es una de las razones por las que a menudo se agotan. Absorber la negatividad de su entorno y otras emociones difíciles como la ira, la ansiedad y la tristeza puede abrumar y agotar rápidamente su energía interior. Sin embargo, no solo pueden absorber energía negativa; también pueden absorber energía positiva. Por eso los empáticos prosperan en un entorno lleno de felicidad, amor y paz. Si todo el mundo a su alrededor es feliz y emite energía positiva, un empático también experimentará sentimientos positivos.

Naturaleza introvertida

Dado que los empáticos experimentan todo lo que sienten los demás, tienden a sentirse abrumados rápidamente. Esta es la razón por la que la mayoría de los empáticos se inclinan hacia la introversión. Estar expuesto a entornos extremadamente estimulantes suele amplificar a un empático, por lo que les gusta estar solos y prefieren el contacto individual o relacionarse con grupos pequeños. Incluso si un empático no es introvertido, intenta limitar su tiempo en entornos públicos.

Muy intuitivo

La intuición es quizás una de las mayores habilidades con que cuentan los empáticos por naturaleza. De hecho, la mayoría de las experiencias que tienen en la vida son a través de la intuición, ya que pueden ver más allá de las fachadas de los demás. Les resulta fácil descifrar lo que otros sienten y experimentan realmente. Esta es la base de su intuición, por lo que es esencial que los empáticos escuchen sus sentimientos "viscerales" y mejoren sus habilidades intuitivas.

Necesitan tiempo para sí mismos

Como se ha mencionado, pasar tiempo en un entorno estimulante puede ser agotador para un empático. No es de extrañar que los empáticos necesiten tomarse un descanso de todo lo que ocurre en su vida para recuperarse. Si usted es empático, se dará cuenta de la importancia del tiempo para sí mismo. Necesita pasar tiempo a solas para recargarse y recargar sus baterías internas. También es una oportunidad para descansar de la sobrecarga emocional de los demás.

Los empáticos tienen los sentidos muy afinados y no solo absorben energía; los ruidos, los sonidos y los olores también pueden ser estimulantes. Ir a un concierto puede no ser la idea de una actividad divertida para un empático. En cambio, es más probable que un empático disfrute acurrucándose con un libro en la comodidad de su hogar. Si alguna vez ha experimentado estas situaciones en el pasado, probablemente sea un empático.

Abrumado por la intimidad

Las relaciones rara vez son fáciles y son difíciles para los empáticos. Imagínese poder experimentar y sentir lo que sienten los demás a su alrededor todo el tiempo. Es casi como una canción que no puede dejar de tararear ni sacarse de la cabeza. Ahora bien, pasar tiempo cerca de otro individuo durante periodos prolongados puede resultar obviamente agotador. Esta es la razón por la que los empáticos suelen sentirse abrumados por la intimidad. Esto no significa que a los empáticos no les gusten las relaciones íntimas, sino que les cuesta más que a otros mantenerlas. Una de las razones por las que tienen miedo a la intimidad es que a menudo sienten que van a perder su identidad o tienen miedo de ser engullidos por las emociones de su pareja. Para que un empático pueda estar en una relación, necesita dejar de lado cualquier noción preconcebida sobre la individualidad y las relaciones en general. Los empáticos son superresponsivos, y este factor, unido a su naturaleza introvertida, hace que les resulte difícil pasar tiempo con los demás.

Objetivos blandos para los vampiros energéticos

Los vampiros energéticos y los narcisistas suelen buscar personas que ofrezcan amor incondicional, apoyo y aceptación. Así, un empático se convierte en un objetivo ideal para los vampiros energéticos. Estos vampiros prosperan cuando se alimentan de la energía positiva de quienes los rodean. La sensibilidad de un empático es quizás la principal razón por la que se sienten atraídos por ellos. Los vampiros energéticos, como los narcisistas, carecen de empatía. Como humanos, las personas suelen sentirse atraídas por otras que tienen habilidades o rasgos que ellos no tienen. Por lo tanto, los altos niveles de compasión y sensibilidad de un empático lo convierten en un imán para los vampiros energéticos.

Refugiarse en la naturaleza

Una forma sencilla para que un empático se recargue de energía es pasar tiempo en la naturaleza. Ya sea dando un paseo o sentándose en el jardín, las actividades sencillas pueden ofrecerles consuelo. Si usted se siente atraído por la naturaleza, especialmente después de un día abrumador o duro, esto es una señal de empatía.

Siempre dando

Como los empáticos saben por lo que están pasando los demás y de dónde viene, les resulta más fácil comprender lo que los demás están sintiendo y experimentando en un momento dado. Por lo tanto, es natural que los empáticos sean individuos extremadamente generosos y de gran corazón. Independientemente de la situación, siempre intentan aliviar cualquier dolor o malestar que sientan los demás. Al fin y al cabo, si la energía negativa les rodea, ellos también tienden a sentirla. Tal vez se trate de una persona sin hogar en un cruce, de un bebé que llora o de un animal herido—un empático siempre trata de ayudar. En lugar de limitarse a ayudar a los demás tendiendo la mano, los empáticos también tienden a absorber el dolor de los demás. Al agotar sus reservas personales de energía, ayudan a los demás. Esta es la razón por la que los empáticos suelen ser dadivosos. Una vez más, esta sensibilidad extrema que muestran hacia todos los seres vivos de su entorno y sus alrededores los convierte en objetivos ideales para los vampiros chupadores de energía.

Ahora que ya conoce los diferentes rasgos que presentan los empáticos, es el momento de hacer un poco de auto-introspección. Repase cuidadosamente los puntos tratados en la parte anterior, dedíquese tiempo a sí mismo y deje que su intuición le guíe. Si advierte que tiene alguno o todos los rasgos mencionados anteriormente, lo más probable es que sea un empático.

Capítulo 2: Fortalezas de los empáticos

La empatía es un hermoso don, y el mundo necesita más empáticos. La empatía puede ser la clave para acabar con todos nuestros problemas y sufrimientos. Por desgracia, a menudo se considera que los empáticos son débiles e impotentes. Se les tacha de ser demasiado susceptibles e hipersensibles. Si otras personas le han dicho que se endurezca o que tenga la piel gruesa, *no* escuche ese consejo. En lugar de creer que su empatía es una debilidad que le frena, considérela una fortaleza. Sí, la empatía es su superpoder, y le distingue de todos los demás. Los empáticos son más fuertes de lo que otros creen.

Esta sección analiza la fuerza de un empático.

Imaginación

Los empáticos son increíblemente imaginativos. Dado que el mundo de las emociones es su dominio principal, pueden entender y manejarlas mejor que cualquier otro ser humano. Su capacidad para manejar una variedad de emociones simultáneamente aumenta su imaginación. En lugar de dejar que su mente racional guíe sus decisiones, la imaginación entra en juego. La imaginación le permite ver las posibilidades y oportunidades disponibles en cualquier situación que otros no pueden ver. Los empáticos son bastante creativos, ya que son soñadores. También tienen el poder de convertir sus sueños en realidad. El mundo es diferente para los demás, y usted lo experimenta vívidamente. Todos los empáticos tienen un impulso constante de crear o construir algo que ayude a los demás. Su imaginación y creatividad también facilitan la expresión de sus pensamientos, emociones y su verdadero yo. Le permite ver el mundo y la vida a la inversa de los que le rodean. La creatividad también ayuda a mejorar y fortalecer sus habilidades naturales y su empatía.

Perspectivas diferentes

Su empatía le permite no solo entender lo que sienten los demás, sino también experimentarlo. Le permite comprender mejor de dónde viene la otra persona. En lugar de permitir que las reacciones superficiales nublen su juicio, le ayuda a ver las cosas desde la perspectiva de otra persona. Un empático no tiene que intentar ponerse en el lugar de otra persona conscientemente. Su empatía le permite hacerlo de forma natural. Esto hace que sea más fácil ver las cosas desde la perspectiva de los demás y también mejora su capacidad de tomar decisiones. Le ofrece una mejor comprensión de sí mismo, de las personas con las que trata y del mundo en general.

Habilidades de resolución de problemas

Los empáticos han sido bendecidos con increíbles habilidades para resolver problemas. Tómese un momento y piense en todas las situaciones en las que otros se han acercado a usted en sus momentos de necesidad. ¿Por qué lo hicieron? Puede que haya habido otras personas a las que podrían haberse dirigido, pero le eligieron a usted. ¿Por qué piensa que esto ocurrió? Porque sabían que usted podía ayudarles a resolver sus problemas. Su imaginación y la capacidad de ver una situación desde diferentes perspectivas mejoran su capacidad de resolver problemas. Tanto si se trata de una discusión, como de una pelea, un empático puede solucionarlo. En un mundo en el que existe la actitud de "yo tengo la razón", los conflictos son habituales. Las personas empáticas pueden ser decisivas en la resolución de conflictos y en la solución de problemas. Le permiten comprender cómo perciben la realidad las distintas partes. Puede desempeñar el papel de observador y mediador sin estar demasiado apegado a ninguna de las partes. Al identificar los factores desencadenantes y comprender los significados ocultos detrás de las palabras comunicadas, la resolución de problemas se vuelve más fácil para un empático.

Sentidos agudizados

Los empáticos pueden absorber y experimentar las emociones y los sentimientos de quienes les rodean, ya sean negativos o positivos. Por ejemplo, si pasa tiempo con personas positivas y en compañía de sus seres queridos, su cociente de felicidad aumenta. Esta mayor sensibilidad le ayuda a disfrutar de las pequeñas cosas de la vida que la mayoría de las veces se ignoran. No es necesario que haya grandes gestos para sentirse feliz. Su empatía le permite permanecer en el momento y disfrutar de la vida tal y como es. Le permite oler las rosas y no dejar que la vida pase de largo. Por el contrario, le asegura disfrutar de cada segundo de ella. Incluso pasar tiempo al aire libre puede ser revitalizante y reenergizante.

No tiene miedo de estar solo

La mayoría de la gente tiene miedo de estar sola. De hecho, es uno de los mayores temores humanos, pero los empáticos prosperan cuando tienen tiempo para estar solos. No solo les ayuda a reequilibrar sus vidas, sino que también les da la oportunidad de recuperarse. También aumenta su autoconciencia. Una vez que se aprende a estar a gusto con uno mismo, la vida se vuelve increíblemente sencilla. Cuando se empieza a pasar tiempo con uno mismo, se toma conciencia de los pensamientos, las emociones y los sentimientos. También ayuda a distinguir sus emociones de las de los demás. No hace falta ser el centro de atención para sentirse bien con usted mismo. Incluso leer un libro en casa puede ser bastante reconfortante.

Aceptar el cambio

El cambio es la única constante en la vida, y los empáticos lo entienden. Un empático sabe que el cambio es inevitable. Una vez que se acepta esto, vivir la vida se convierte en algo sencillo. La adaptabilidad garantiza que puede prosperar en cualquier situación sin dejar que se convierta en algo abrumador. Puede que no siempre le guste la situación en la que se encuentra, pero su empatía le hace aceptar la situación y seguir adelante. Como se le da bien percibir lo que los demás quieren o les gusta, le resulta más fácil entender las diferentes formas de vida. Esto le hace ser más tolerante y complaciente.

Capacidad de aceptación

La mayoría de las personas ven el mundo desde su perspectiva y suelen tener prejuicios. Puede que no se den cuenta, pero lo hacen. Sorprendentemente, los empáticos son inmunes a estos prejuicios. No asumen ni generalizan cuando se trata de los sentimientos de los demás. No etiquetan lo que otros sienten o experimentan. Mirar las cosas desde la perspectiva de otra persona le permite percibir lo que otros están sintiendo. Se empieza a pensar en los que nos rodean como seres emocionales. Así, los empáticos aceptan no solo a los demás, sino a la vida en general.

Lo mejor de un empático es que entiende y acepta a los demás tal y como son. Como empático, puede que se sienta tentado a ayudar a los demás o a arreglar una situación. Sin embargo, tiene que darse cuenta de que no puede hacer más que eso y no ir más allá. Una vez que acepta esta realidad, la vida se vuelve más fácil. Cuando usted acepta a las personas tal como son sin desear la perfección, formar y mantener relaciones se vuelve más fácil. Este es un rasgo único de un empático que lo diferencia de los demás.

Buenos oyentes

Los empáticos son grandes oyentes. En un mundo en el que todos quieren hablar, escuchar se ha convertido en un arte perdido. Afortunadamente, los empáticos son los mejores oyentes que se puede encontrar. Por eso la gente suele buscar a sus amigos o seres queridos más empáticos para hablar con ellos cuando necesitan una fuente de inspiración. A los empáticos no les asusta mostrarse vulnerables y son oyentes atentos. Estos dos ingredientes les convierten en personas increíbles con las que hablar. No solo entienden lo que dicen los demás, sino también sus razones para comportarse como lo hacen. En una vida en la que todo el mundo se siente incomprendido, el mundo necesita más empáticos. Cuando usted se muestra vulnerable ante los demás, aumenta la disposición de ellos a ser más abiertos, honestos y vulnerables.

Curiosidad sana

Los seres humanos son curiosos por naturaleza. Los empáticos son increíblemente curiosos e inquisitivos. Como empático, su curiosidad es el factor principal que lo mantiene interesado y comprometido en varios temas. La curiosidad es también un aspecto importante para mejorar la propia vida, reducir las posibilidades de soledad y mejorar la satisfacción general. La curiosidad facilita el aprendizaje. Si se sigue aprendiendo, se sigue creciendo como persona.

Ayudar a los demás

Los empáticos son sanadores naturales. Tienen una tendencia natural a ayudar y curar a los demás. Un empático puede absorber las emociones, los sentimientos o las sensaciones negativas de los demás y reemplazarlos con positividad. Como empático, probablemente ha hecho esto varias veces en su vida y ni siquiera se ha dado cuenta. Una vez que se cura a sí mismo como empático, ayudar a los demás se convierte en algo increíblemente sencillo. El sentimiento que experimenta cuando ve a alguien en problemas es su empatía en funcionamiento. Le guía en el camino y le permite hacer todo lo posible para sanar a los demás de cualquier manera.

Detectores de mentiras humanos

Los empáticos tienen un fuerte sentido de la intuición que les permite detectar las mentiras con facilidad. Son un detector de mentiras humano y pueden detectar instantáneamente cuando alguien es deshonesto. Independientemente de que los conozca o no, sus campanas de alarma internas comienzan a sonar cada vez que alguien le miente. Nunca ignore esa vocecita en su cabeza que le dice que algo va mal. Si su instinto le dice que algo va mal, es muy probable que algo vaya mal. Cuando realmente conoce lo que sienten los demás y puede ver a través de su fachada, detectar las mentiras se convierte en algo fácil.

Sea cual sea la máscara que se ponga la gente, usted puede ver su verdadera identidad gracias a su empatía. Como es más consciente de los pensamientos, las emociones y los sentimientos de los demás, resulta fácil determinar cuándo alguien le está mintiendo. Si alguien dice que está bien, pero en realidad está triste por dentro, puede detectarlo fácilmente. Nadie puede mentirle sin que usted lo sepa. Por ejemplo, si observa que un compañero de trabajo parece un poco decaído, pregúntele qué ha pasado. Puede que le diga que todo está bien, pero, como empático, puede ver a través de esta máscara y llegar a la raíz del problema. Su capacidad para detectar las mentiras le ayuda a establecer relaciones felices, positivas y exitosas.

¿Le ha sorprendido la lista de puntos fuertes de la que hemos hablado en este capítulo? Tal vez sean puntos fuertes en los que nunca se había fijado. Querido empático, usted es más fuerte de lo que cree. Los conceptos erróneos que otros tienen sobre la empatía o los empáticos no le definen. Su sensibilidad es algo brillante. La empatía es un superpoder, y los empáticos son superhéroes. Son los superhéroes que el mundo necesita desesperadamente en este momento. La forma más sencilla de perfeccionar su fuerza como empático es aceptar su empatía. Si es usted un empático, ha sido bendecido con un raro don. Acéptelo y aproveche su poder.

Antes de aprender a fortalecer y proteger su energía como empático, es importante comprender la sabiduría que ofrece la empatía. Recuérdese a sí mismo todos estos puntos fuertes cada vez que su don le abrume. Ahora que comprende sus puntos fuertes, quizá descubra que su visión de la empatía ha cambiado un poco. Es un don que debería valorar. Acepte y abrace su empatía con los brazos abiertos, y todas sus fortalezas se verán magnificadas. En los capítulos siguientes obtendrá más información sobre cómo liberar su verdadero potencial como empático.

Capítulo 3: Debilidades de los empáticos

En el capítulo anterior, se presentaron los puntos fuertes de los empáticos. Por desgracia, los rasgos que los hacen fuertes también pueden convertirse en sus debilidades. Vivir en un entorno constantemente saturado de estímulos y no poder distinguir sus emociones de las de los demás puede resultar abrumador. La sensibilidad y la empatía de un empático tienen un alto precio y a menudo son incomprendidas. En esta sección examinaremos las diferentes luchas a las que se enfrenta un empático.

Incapacidad para decir "no"

Los empáticos tienen un deseo natural y una tendencia inherente a ayudar a los que les rodean. Intentan hacer que los demás sean felices o se sientan mejor, independientemente de la situación. Este deseo hace que les resulte difícil decir "no". Como empático, probablemente siente que es su deber y su responsabilidad ayudar a todos los que necesitan su ayuda. Cuando empiece a sentirse así, complacer a los demás se convertirá en la norma. Puede que al principio esto le haga sentirse mejor, pero a la larga se vuelve agotador. Si continúa atrapado en situaciones que pueden evitarse diciendo "no", se quedará sin energía. También pueden hacer que se sienta fuera de control, al tiempo que aumentan sus niveles de estrés. Otra desventaja de la incapacidad de un empático para decir "no" es que los demás lo darán por sentado. Usted acabará disgustándose a sí mismo cuando intente complacer a los demás constantemente.

La televisión se convierte en un reto

La televisión es una fuente de entretenimiento para la mayoría de las personas. Al final de un día agotador, ¿quién no querría relajarse y ver la televisión? Pero este simple acto que otros disfrutan puede ser un reto para un empático. Dado que están en perfecta sintonía con las emociones de los demás, independientemente de si el acontecimiento está ocurriendo a su alrededor o al otro lado del mundo, los empáticos pueden sentirlo. Esto significa que ver una película de terror, un drama emocional o incluso las noticias se vuelve insoportable.

Susceptibilidad a las adicciones

Lidiar con las emociones propias es problemático. Imagínese que tuviera que vivir su vida lidiando también con las emociones, sentimientos y experiencias de todos los que le rodean. Cuando un empático no puede lidiar con sus emociones o aceptar su empatía, vivir la vida es típicamente un desafío. Esta es la razón por la que los empáticos siempre buscan un escape. Bloquear todas las emociones y sentimientos innecesarios es un mecanismo de autodefensa. Esta es también una razón por la que los empáticos son bastante susceptibles a las adicciones. En lugar de enfrentarse a su problema, buscan una vía de escape. La vía de escape más sencilla es la dependencia a sustancias nocivas como el alcohol, las drogas, el tabaco o cualquier otra conducta adictiva. En un intento de sobrevivir y preservarse, un empático desarrolla comportamientos poco saludables.

Ver a través de otros

En el último capítulo, se mencionó que los empáticos son detectores de mentiras humanos. Sienten y comprenden lo que otros dicen y pueden decidir si están diciendo la verdad. Esta es una cualidad increíblemente útil que puede utilizarse para navegar a través de la vida diaria. Pero es bastante doloroso cuando usted sabe que su amigo o un ser querido le están mintiendo. Puede hacerle sentir solitario y vulnerable en este gran mundo malvado. Incluso una pequeña mentira blanca contada por un ser querido puede ser detectada por un empático. Como son hipersensibles por naturaleza, una pequeña mentira duele mucho. También puede dar lugar a que se desconfíe de los demás. Al fin y al cabo, si sus seres queridos le mienten, ¿cómo puede confiar en ellos? Lidiar con este tipo de emociones es agotador, e impide a los empáticos formar y mantener relaciones sanas y positivas en su vida.

Cómo lidiar con la intimidad

Como se ha mencionado anteriormente, un problema común al que se enfrentan los empáticos es la intimidad. Todo empático necesita tiempo de tranquilidad. Necesitan alejarse de los demás para recargar su energía. Esto puede hacer que sea increíblemente difícil para un empático pasar tiempo con su pareja. Cuando se pasa todo el tiempo con otro individuo, se tiende a sentir lo que la otra persona está sintiendo como un empático. Cuando sus sentidos son invadidos continuamente debido a esta conexión, las relaciones se vuelven difíciles. Cuando pasar tiempo juntos se vuelve abrumador, también aumenta su necesidad de apartarse de los demás. En una situación así, una relación íntima se vuelve difícil. El universo está hecho de energía, y la energía fluye continuamente de una persona a otra. Un empático se conecta con otro individuo, lo que significa que se abre, y su campo energético es vulnerable. Esto puede abrumar a un empático, sobrestimularlo y provocar una fatiga crónica. Dado que la intimidad puede quemar a un empático, la posibilidad de intimar puede parecer aterradora.

Cuando un empático se involucra emocionalmente con su pareja, esto nubla fácilmente su juicio. Esta es también una de las razones por las que los empáticos suelen quedar atrapados en relaciones poco saludables. Son imanes para los narcisistas y otros vampiros energéticos. Este tipo de relaciones insanas drenan no solo la empatía de un empático, sino también su energía, y la compasión se convierte en una carga. Preocuparse demasiado y ser incapaz de apagar esta compasión por los demás puede hacer que se sienta cansado e inquieto. También le hace sentir que no tiene control sobre su vida. Estos factores pueden dañar cualquier relación, especialmente las íntimas en la vida de un empático.

Problemas para socializar

Los empáticos adoran la soledad porque les ayuda a obtener una sensación de equilibrio en un mundo extremadamente estimulado. Tienen problemas para socializar con otras personas de su entorno. De hecho, pasar demasiado tiempo en público puede agotar su energía, ¿por qué querrían hacerlo? La necesidad de alejarse de los demás para recargar su energía y recuperar el control de sus emociones es la razón por la que la mayoría de los empáticos se inclinan por la introversión. Su introversión es un mecanismo de autodefensa. Los empáticos necesitan mucho tiempo a solas. Por desgracia, no todo el mundo puede entender esto. También puede ser bastante complicado explicar a los demás por qué es necesario pasar tiempo a solas.

Como empático, es posible que se enfrente constantemente a una lucha interna entre querer salir y quedarse en casa. Los empáticos necesitan tiempo a solas para procesar sus emociones y dejar de absorber las de los demás. Esta es también la razón por la que se les malinterpreta como introvertidos. No todos los introvertidos son empáticos, ni todos los empáticos son introvertidos. Lograr el equilibrio adecuado entre la socialización y la soledad no es fácil. Si no lo logra, no podrá llevar una vida feliz y equilibrada.

Cansancio

A estas alturas, ya se habrá dado cuenta de que los empáticos están constantemente agotando su energía. Si la energía de un empático es como un cubo lleno de agua, cada emoción o sentimiento que absorbe de los demás hace un agujero en este cubo. El cubo se vaciará tarde o temprano. Esto es precisamente lo que les ocurre a los empáticos cuando están en el mundo. A menos que un empático aprenda a establecer y hacer cumplir sus límites personales, la empatía puede ser abrumadora. La fatiga emocional es bastante real para los empáticos. Independientemente de si se trata de felicidad o tristeza, cada emoción se ve gravemente magnificada en un empático y rodeada de emociones, y la absorción de todas estas emociones aumenta su fatiga emocional.

Se da por sentado

La incapacidad de un empático para decir "no" y su ilimitada compasión lo convierten en el blanco perfecto para todos los vampiros energéticos. Los empáticos no son inmunes a los narcisistas y a otras personas tóxicas. ¿Se acercan sus amigos y otros seres queridos a usted cuando se sienten decaídos o cansados? ¿Le han dicho otros que se sienten mejor después de pasar tiempo con usted? Esto se debe a su empatía. Como empático, usted termina absorbiendo todas las emociones negativas de los demás y regala su energía positiva. Al cabo de un tiempo, se quedará sin nada y acabará convirtiéndose en un vertedero de dolor emocional. Que lo den por sentado rara vez es agradable. Cuando esto se convierte en la norma, el estrés emocional aumenta. También puede provocar ansiedad, depresión y aislamiento.

Depresión y ansiedad

Puede que no sea cierto para todos los empáticos, pero no es raro que la mayoría de ellos luchen con un trastorno de salud mental. Debido a su alta sensibilidad a las emociones, tienen que lidiar con el estrés y las dudas. Cada emoción o sentimiento negativo que un empático absorbe de los demás es similar a recibir un golpe con un ladrillo. Si las personas negativas le rodean constantemente, recoge su energía negativa. Esta negatividad puede convertirse en problemas de salud mental como la depresión o la ansiedad crónica. No solo necesita ocuparse de sus problemas, sino también de los de los demás. Si usted vive su vida sintiendo que no encaja o que los demás no le entienden, se crea una sensación de aislamiento. Este aislamiento puede empeorar sus pensamientos negativos y aumentar el riesgo de desarrollar depresión o ansiedad como empático.

La empatía tiene pros y contras. La mayoría de los puntos fuertes que tienen los empáticos pueden convertirse en sus debilidades. Esto suele ocurrir cuando no pueden manejar su empatía o les resulta difícil equilibrar sus emociones.

Después de revisar esta lista, es posible que por fin entienda por qué lucha a diario con cosas sencillas que otros parecen disfrutar. Esto también le ayudará a estar atento a las situaciones y personas que debe evitar para protegerse. Una vez que usted abraza su empatía y aprende a aprovechar su poder, superar estas debilidades se vuelve increíblemente sencillo. En los capítulos siguientes aprenderá más sobre cómo hacerlo.

Capítulo 4: Cómo afecta la alimentación a un empático

Es necesario concentrarse en tres aspectos importantes para vivir de forma saludable y feliz: el sueño, el ejercicio y la alimentación. Un factor común que a menudo se pasa por alto es el papel que desempeña la alimentación en el bienestar mental y físico. No es de extrañar que los empáticos sean más susceptibles a los problemas relacionados con su alimentación. Sí, la dieta puede tener un efecto positivo o negativo en los empáticos. La comida es una fuente de energía y los empáticos son individuos increíblemente sensibles. Consumir una dieta incorrecta o no comer alimentos saludables puede perjudicar su bienestar general y su empatía.

¿Por qué la alimentación afecta a los empáticos?

Es posible que se haya dado cuenta de sus necesidades alimenticias son bastante singulares—por ejemplo, los estimulantes como la cafeína o el azúcar desencadenan reacciones extremas. También es posible que se haya topado accidentalmente con el hecho de que el consumo de ciertos alimentos perjudica sus niveles generales de energía. La sensibilidad a ciertos alimentos es bastante común en las personas empáticas y altamente sensibles. Esta sección examina las diferentes razones por las que la alimentación afecta a los empáticos.

Mecanismo de autodefensa

Como ya ha aprendido, los empáticos son extremadamente sensibles a sus sentimientos y a los de los demás, lo que los hace súper sensibles a las multitudes. No les gusta que les miren, y cualquier forma de atención puede hacer que sus sentidos, ya de por sí hiperactivos, se disparen. Algunos pueden encontrar la atención halagadora e incluso prosperar con ella, pero para un empático, esto simplemente empeora sus campos de energía. El cuerpo y la mente de un empático trabajan juntos para protegerse de cualquier depredador potencial. Utilizan la comida como mecanismo de supervivencia. Si dicho empático experimentó alguna forma de abuso sexual o trauma del pasado, un mecanismo de autodefensa es el aumento de peso o la obesidad. ¿Cómo se siente cuando tiene unos kilos de más? Lo más probable es que no se encuentre tan atractivo. Cuando se siente así por dentro, tiende a proyectar esta energía también al exterior. Esto reduce la posibilidad de cualquier atención sexual innecesaria o no deseada por parte de los demás.

Luchas diarias

¿Cómo se sentiría si estuviese aprisionado en un recinto estrecho con cientos de personas? Es posible que se sienta como un juguete masticable atacado con una manada de perros salvajes. Tareas sencillas como ir al trabajo en transporte público, pueden hacerle sentir como el juguete masticable mencionado anteriormente si es usted un empático. Los retos cotidianos a los que se enfrentan los empáticos aumentan su agitación emocional y espiritual. Un simple viaje en metro puede ser una experiencia insoportable y angustiosa para los empáticos. Los empáticos no solo interiorizan los sentimientos de los demás, sino que tienden a sentirlos como si fueran propios. Lo sienten en sus músculos, cuerpo, huesos y nervios. Este ataque constante de energías les hace increíblemente sensibles y les provoca mucha agitación interna. Desde esta perspectiva, un poco de peso extra actúa como una barrera natural que los protege de las energías externas que no quieren absorber.

Alergias y trastornos

Los empáticos sufren una variedad de desequilibrios hormonales, alergias, trastornos autoinmunes e incluso problemas neurológicos. Vivir en un estado perpetuamente hiperactivo de emociones, sensaciones y toxinas ambientales puede estresar su cuerpo físico. Esto, a su vez, hace que el sistema inmunológico se ponga en marcha. Cuando el sistema inmunológico no funciona normalmente o empieza a atacarse a sí mismo, se producen alergias y trastornos autoinmunes. Estos dos trastornos también están relacionados con la alimentación que se lleva.

Consumir comidas sanas y saludables en lugar de alimentos procesados y refinados ayuda a restablecer el equilibrio de su cuerpo físico. A menos que su cuerpo y su mente estén sanos, no podrá mantener su salud general. Existe una relación innegable entre estas dos cosas y sus elecciones alimentarias son importantes. El gluten presente en cereales como el trigo o la cebada puede provocar la pérdida o el aumento de peso en los celíacos. Los alimentos que provocan reacciones inflamatorias como las alergias pueden favorecer la retención de líquidos en el organismo. Si se toma un momento y piensa en ello, la mayoría de las susceptibilidades alimentarias que experimenta pueden deberse a su incapacidad para lidiar con todas las emociones que experimenta. El estrés es otro estimulante que impide que su cuerpo funcione de forma óptima. Si su cuerpo no puede funcionar de forma óptima, ¿cómo puede estar sano su sistema inmunológico?

Conducta alimenticia emocional

Cuando se siente mal, ¿le apetece comer algo azucarado? ¿Le apetece comer comida chatarra cuando se siente mal? Esta es una forma de conducta emocional. Los empáticos que no han aprendido a manejar su empatía evitan que otras energías superen su lucha por llevar una vida equilibrada. Puede desencadenar dificultades emocionales como la ansiedad o la depresión. Durante estos momentos de gran carga emocional, la comida es una gran válvula de escape. Recurrir a alimentos reconfortantes ayuda a calmar su malestar. Cuando usted está constantemente abrumado emocional, física y espiritualmente, se hace difícil controlar sus niveles de estrés.

La forma más sencilla de superar el estrés es aceptar su empatía y tomar medidas para proteger su energía personal de los demás. En los siguientes capítulos aprenderá más sobre cómo protegerse y aprovechar sus habilidades. Por ahora, tómese un tiempo para la autointrospección. Anote todas las veces que ha experimentado una emoción poderosa que le ha hecho querer comer. Si lo hace con frecuencia, es una señal de que no está manejando muy bien su don como empático.

Un sentimiento de alienación

Los problemas de imagen corporal de un empático no tienen que ver solo con el aumento o la pérdida de peso. Por el contrario, se asocian con el sentimiento de alienación de su ser físico. Cuando su cuerpo se convierte en una jaula que atrapa todo tipo de energías, sentimientos y emociones, aumenta el sentimiento de disociación. Cuando usted se siente disociado de su cuerpo, cuidar de su salud se vuelve sumamente difícil. Se cree que muchos empáticos tienen la imagen mental de que son energía atrapada en su cuerpo.

Imagine cómo se sentiría si no se sintiera cómodo en su propia piel. Su cuerpo se convierte en una prisión, una que es demasiado blanda, rígida, amplia, pequeña o apretada, atrapando todas sus energías. Incluso si el cuerpo de un empático es ideal según los estándares sociales, se siente terriblemente mal. Ha habido casos en los que individuos altamente sensibles y empáticos han desarrollado bulimia nerviosa porque se sentían ligeros y cerca de la verdadera fuente de energía cuando estaban increíblemente delgados.

Cansancio y fatiga general

El estrés puede empeorar cualquier problema de salud física que ya se experimente. Los empáticos suelen sentirse fatigados después de un día normal de trabajo. Incluso tareas sencillas como ir al trabajo, pasar tiempo con otras personas o salir a comer pueden resultar agotadoras. Cuando usted es constantemente bombardeado por el estrés en todas las direcciones y en las actividades que realiza, vivir la vida se vuelve difícil. Esta sensación general de agotamiento no deja mucho tiempo ni energía para el autocuidado.

Otro problema común que sufren los empáticos es la culpa. La culpa puede inducir mucho estrés si no se controla. Los empáticos priorizan el bienestar de los demás sobre el suyo propio. Al fin y al cabo, sienten lo que otros sienten, y si los demás son felices, ellos también lo serán. Esto puede parecer una buena idea, pero lo único que hace es empeorar el estrés que experimentan. El agotamiento diario no les deja energía para pensar siquiera en su propia salud física o en su felicidad. ¿Cómo puede siquiera contemplar la idea de ir al gimnasio o correr cuando no le queda energía? Este agotamiento general puede provocar un aumento de peso.

Superar las adicciones y el consumo de alimentos

Los atracones de alimentos poco saludables son una salida fácil. Le da una sensación de comodidad y satisfacción. Después de repasar las razones expuestas en la sección anterior, resulta obvio por qué los empáticos son susceptibles a las adicciones y a comer en exceso. Una razón común por la que las dietas fracasan en individuos altamente sensibles como los empáticos es que no suelen ser conscientes de las razones por las que comen. No son conscientes de los factores que pueden desencadenar su adicción a la comida y a comer en exceso. Para determinar si tiene una relación poco saludable con la comida, aquí hay algunas preguntas que debe responder:

- ¿Tiende a comer en exceso cada vez que se siente abrumado?

- ¿Los carbohidratos, el azúcar y todo tipo de comida basura procesada calman cualquier malestar que experimenta?

- ¿Experimenta algún cambio de humor o fatiga mental cuando consume comida chatarra?

- ¿Es usted extremadamente sensible a los efectos de los alimentos?

- ¿Padece alguna alergia o intolerancia alimentaria hacia ingredientes comunes como la soja, los lácteos o el gluten?

- ¿Se siente con energía y feliz cuando consume comidas sanas y saludables?

- ¿Es usted más propenso a sentirse estresado cuando está delgado?

Tómese el tiempo necesario para responder a estas preguntas con sinceridad. No tiene que preocuparse, incluso si su respuesta es "sí" a la mayoría de ellas. Sus respuestas le permitirán conocer mejor sus patrones de alimentación poco saludables. Una vez que conozca sus factores desencadenantes, será más fácil afrontar el problema sin recurrir a mecanismos de defensa poco saludables.

Ahora, eche un vistazo a los sencillos consejos que puede utilizar para sustituir los patrones de alimentación poco saludables por otros más sanos.

El agua es esencial para su salud y bienestar general. Se recomienda beber al menos ocho vasos de agua al día. Esta bebida sin calorías no solo quita la sed, sino que también ayuda al cuerpo a expulsar las toxinas. En cierto modo, el agua le purifica desde el interior. Siempre que se vea expuesto a energías negativas o se sienta estresado y agobiado, beba agua filtrada. El agua también tiene un efecto purificador cuando se utiliza externamente. Un baño puede calmar su cuerpo y su mente y eliminar cualquier impureza, así que no dude en bañarse cada vez que se sienta superado por el estrés de su vida diaria.

En lugar de recurrir a la comida para consolarse, aprenda a lidiar con su ansiedad. Empiece a prestar atención a cómo se siente cuando come ciertos alimentos. Anote mentalmente los tipos de alimentos por los que se inclina cuando está abrumado o experimenta una confusión interna. Así podrá comprender mejor sus patrones de alimentación. Una vez que identifique sus patrones de alimentación perjudicial o poco saludable, será más fácil sustituirlos por otros más positivos.

Siempre que se sienta estresado, haga una pausa en lo que esté haciendo y concéntrese en su respiración. Visualice que está inspirando energía positiva y expulsando la negativa. Su respiración es increíblemente purificadora y ayuda a eliminar las toxinas.

Se cree que las proteínas pueden ayudar a estabilizar la energía de un empático y tienen un efecto de conexión con la realidad, así que aumente su consumo de proteínas. No es necesario que busque una fuente de proteínas de origen animal, ya que hay muchas opciones vegetarianas fácilmente disponibles. Asegúrese de consumir proteínas con cada comida, ya que esto le ayudará a restablecer su equilibrio energético.

Aumente su consumo de verduras y frutas saludables. Si tiende a comer en exceso o a ganar peso con facilidad, preste atención a los alimentos que consume. Sustituya los carbohidratos poco saludables por los saludables presentes en las verduras y la fruta. Estos ingredientes también son ricos en varias vitaminas y nutrientes que su cuerpo necesita para funcionar eficazmente. Una vez que cuide su salud física, su salud mental mejorará automáticamente. Cuando se está físicamente en forma y se es activo, la lucha contra la ansiedad se hace más fácil. Cuando se llena de alimentos saludables, se reducen las posibilidades de comer en exceso o de darse un atracón de comida chatarra poco saludable.

Si está de viaje o va a estar rodeado de otras personas, asegúrese de no tener hambre. No permita que sus niveles de azúcar en la sangre bajen. Los niveles bajos de azúcar en la sangre aumentan su susceptibilidad a las emociones y sentimientos externos. También pueden afectar su estado de ánimo, así que consuma al menos tres comidas diarias y nunca se las salte.

La comida es una fuente de energía, y si no le presta atención, provoca un agotamiento energético. Desarrolle hábitos dietéticos saludables que reduzcan su sensibilidad en lugar de empeorarla.

Observe la energía de los alimentos

Los empáticos son sensibles a la energía, y esto incluye la energía de los alimentos. ¿Le parece absurdo? Bueno, he aquí un sencillo ejemplo para poner las cosas en perspectiva. Piense en un escenario en el que usted cocinó una comida mientras se sentía extremadamente estresado o agitado. La comida que prepara absorbe la energía que emite. Así que, cuando consume una comida que ha absorbido emociones negativas innecesarias, lo más probable es que se sienta peor que antes. Aprenda a ser consciente de sus emociones mientras cocina. Todo en el mundo está hecho de energía. Esta energía está constantemente interactuando y cambiando, sin ser destruida.

Algunos empáticos son extremadamente sensibles al dolor y al sufrimiento de los animales. Sí, todos los empáticos son sensibles, pero muchos son más sensibles que otros. Si estos empáticos consumen algún alimento de origen animal, podrían experimentar e interiorizar el sufrimiento del animal. Esto ciertamente les quitará el placer de comer y convertirá la comida en una experiencia perturbadora. Si alguna vez se siente así, opte por una dieta basada en plantas. Llénese de verduras y frutas frescas, frutos secos o semillas, y cereales integrales.

Como los alimentos contienen energía, las vibraciones energéticas de los distintos ingredientes varían. En el punto anterior, se mencionó que las energías negativas absorbidas por los productos animales—debido a la tortura y toxicidad que soportaron en su vida—podrían transferirse a usted cuando los consuma. Del mismo modo, los productos ecológicos aumentan su sensación de estar conectado a la tierra. Por ejemplo, consumir frutas y verduras ecológicas le hace sentirse más centrado y con los pies en la tierra. También mejora su salud física y su bienestar. Los alimentos ecológicos o los alimentos de origen vegetal tienen una energía más vibrante que los de origen animal. Intente optar por alimentos bajos en gluten y que no contengan o tengan niveles muy bajos de azúcares refinados. Consuma más alimentos crudos que cocinados para aumentar la energía positiva de su cuerpo.

Aprenda a ser más agradecido por los alimentos que consume. Una vez que exprese su gratitud, aumentarán los sentimientos positivos asociados a ellos. Agradezca todo el esfuerzo que ha supuesto cocinar la comida. Además, no se olvide de expresar su gratitud a todos los que han puesto esa comida a su disposición. El agradecimiento genuino es una herramienta increíblemente poderosa que aumenta sus vibraciones energéticas mientras envía energía positiva al universo. Usted recibe lo que da, así que sea consciente de la energía que regala. También contribuye a formar un vínculo más fuerte con los alimentos que se consumen y mejora los niveles de energía.

No solo debe prestar atención a la energía presente en los alimentos, sino también a la energía de su cuerpo para la digestión. ¿Sabía que ciertos alimentos tardan más en ser digeridos y consumen gran parte de su energía? Se cree que las carnes animales, especialmente las rojas, son increíblemente difíciles de digerir. Las verduras y la fruta se pueden digerir en una hora, mientras que la carne y otros alimentos de origen animal pueden tardar varias horas. Durante este periodo, el cuerpo utiliza sus reservas internas de energía para ayudar a digerir y absorber los alimentos que consume. Como empático, es importante mantener los niveles de energía interna. La vida es agotadora, y si su cuerpo utiliza más energía de la disponible para digerir los alimentos que ingiere, se sentirá agotado. Así que opte por alimentos fáciles de digerir y ricos en nutrientes para mejorar los niveles de energía de su cuerpo.

Siempre que cocine, asegúrese de estar de buen humor. Manténgase presente en el momento y olvídese de todo lo demás. Aprenda a cocinar con el corazón, y la comida no solo sabrá mejor, sino que será más nutritiva. Aprender a estar en el presente y ser consciente es también importante para su crecimiento espiritual y emocional. Le ayuda a traer paz y calma a usted y a su entorno en general.

Ensaye la atención plena aprendiendo a saborear y a comer despacio. No se apresure y no lo engulla de una sola vez. En su lugar, tómese su tiempo y concéntrese en la comida que consume. Mientras coma, elimine todas las distracciones para aumentar su atención. Saboree y disfrute de los diferentes sabores y texturas de los alimentos que consume. Mastique lentamente y ayude a su cuerpo a absorberlo mejor.

Como ya hemos dicho, opte por más alimentos de origen vegetal, como las legumbres, los cereales integrales, las verduras crudas, la fruta fresca, los frutos secos y las semillas. Empiece a limitar o eliminar de su dieta los productos lácteos, las carnes animales, el gluten, los azúcares refinados, la cafeína y el licor. El alcohol y la cafeína son estimulantes neuronales. Contrariamente a la creencia popular, no mejoran el estado de ánimo, sino que actúan como depresores naturales. Una vez que haya superado el subidón del estimulante, el bajón que sigue es bastante problemático. Como empático, es más sensible a estos cambios de energía que otros. Eliminar el alcohol y la cafeína de su dieta es una gran manera de mejorar su salud en general. Por otra parte, esto favorece la calidad de su sueño nocturno. Además de estos dos estimulantes, otro del que no debería depender es la nicotina.

No existe una dieta perfecta que se adapte a todo el mundo. La clave es experimentar hasta que se sienta mejor consigo mismo. Preste atención a cómo se siente su cuerpo cuando consume alimentos específicos. Lleve un diario de comidas para anotar todas sus observaciones. Hágalo durante unas semanas y captará el efecto. Una vez que examine sus observaciones, se dará cuenta de que ciertos alimentos mejoran sus niveles de energía mientras que otros los agotan. Empiece a incluir más alimentos que ayuden a su energía y elimine los que la merman. Al eliminar de su dieta los alimentos que desencadenan la inflamación, como el gluten, los lácteos y los alimentos fritos, verá un cambio positivo en su salud física y su bienestar. También reducirá su sensibilidad a los alimentos y cualquier problema digestivo. La alimentación limpia tiene muchas ventajas—desde una mejor digestión hasta una piel más limpia y mayores niveles de energía.

Al hacer cualquier cambio en su dieta, sea paciente con usted mismo. Su cuerpo necesitará tiempo para acostumbrarse. Una vez que lo haga, verá un cambio positivo en usted. Además, no permita que los demás le desanimen. Dar prioridad a su bienestar no es egoísta, y no deje que nadie le diga lo contrario.

Capítulo 5: Cómo afecta el entorno a un empático

El entorno puede afectar su estado de ánimo, sus niveles de energía y su comportamiento en general. ¿Cómo se siente cerca de sus seres queridos? ¿Cómo se siente en una habitación llena de gente? ¿Cómo se siente cuando su entorno está desordenado y cargado? En diferentes situaciones, sentirá y experimentará cosas diferentes, por lo que, como es lógico, todo lo que le rodea puede afectar de forma drástica a su sensación general de bienestar. A menos que se sienta perfectamente cómodo en su entorno, no podrá prosperar. En este capítulo, aprenderá cómo su entorno afecta a su empatía, el amor de un empático por la naturaleza, el efecto de la naturaleza en los empáticos y la creación de entornos óptimos en el trabajo y el hogar.

Efecto del entorno en los empáticos

Todo el mundo se ve afectado por su entorno, pero esto es más importante para los empáticos y las personas altamente sensibles. Su alta sensibilidad a la energía puede actuar como un desencadenante emocional que desata una cascada de síntomas de estrés y sobrecarga emocional. Esta sección examina cómo pueden afectar a un empático algunos aspectos sencillos de su entorno.

Desorden

El desorden es mentalmente agotador y agobiante. Cuando uno se ve inundado por el desorden, resulta difícil pensar de forma clara y racional. También aumenta la sensación de fatiga mental y provoca cambios de humor. Por ejemplo, ¿cómo se siente cuando está rodeado de trastos? Es difícil sentirse cómodo o en casa cuando está rodeado de cosas que no necesita. Eliminar el desorden físico es una buena manera de eliminar el desorden mental de su vida. Este es quizá uno de los motivos por los que las personas pueden concentrarse mejor cuando se encuentran en espacios limpios y organizados. Si su mesa de trabajo está llena de objetos que no necesita, archivos que no utiliza y otros trastos, ¿cómo puede pensar con claridad?

Un entorno desordenado también puede hacer que se sienta desmotivado y desinteresado. Un entorno limpio y ordenado fomenta el crecimiento y le mantiene motivado. La mayoría de las personas evitan cualquier tarea o problema difícil porque no les gusta sentirse abrumados. Se trata de un rasgo humano básico que permite optar siempre por el camino de menor resistencia. Si su entorno está desorganizado y lleno de trastos, concentrarse en las tareas importantes también resulta difícil. Por ejemplo, si está trabajando en una tarea específica, pero su espacio de trabajo está desordenado, con archivos de casos anteriores o recordatorios de otras tareas, su mente se distrae constantemente. Si no puede concentrarse en la tarea que tiene entre manos, el estrés mental y la preocupación aumentan. Esto, a su vez, le impide completar las tareas requeridas y aumenta la carga.

Espacios abarrotados

Los espacios abarrotados son increíblemente agotadores para un empático. Cuando la gente le rodea constantemente, está absorbiendo inconscientemente sus energías, emociones y sentimientos. Como empático, tiende a sentir estas emociones como si fueran suyas. Incluso puede que las experimente en su cuerpo. Cuando usted está rodeado de gente todo el tiempo, y le resulta difícil liberarse de este constante intercambio de energía, puede sentirse rápidamente abrumado y cansado. También aumenta el estrés que experimenta. Un empático necesita tiempo a solas para recuperarse después de pasar mucho tiempo en espacios abarrotados.

Espacios de vida compartidos

El espacio vital compartido no es una condición ideal para los empáticos. Dado que desean la soledad, el espacio compartido puede convertirse en un obstáculo. Cuando se trata de un entorno ideal en el hogar o en el trabajo, un empático necesita espacio personal física y mentalmente. Necesita un área para descomprimirse y disfrutar del tiempo lejos de los demás. La ausencia de un refugio seguro puede hacer mella en la sensación general de bienestar de un empático.

El amor de un empático por la naturaleza

La necesidad de un empático de disponer de tiempo a solas para descomprimirse y cuidarse es mayor que la de otros. Vivir en un estado constante de sensación de agobio es agotador, física, mental y emocionalmente. Como esto es lo normal para los empáticos, necesitan un descanso de todo ello. La solución más sencilla a este problema es pasar tiempo en la naturaleza. He aquí las diferentes formas en que la naturaleza ayuda a los empáticos.

Restablece su cuerpo y su mente

Disfrutar de la belleza de la naturaleza y empaparse de toda su gloria y calidez ayuda a distraer la mente de todos los asuntos y problemas a los que está expuesto. Le permite liberarse de la carga emocional de los demás. Dispone del tiempo y el espacio necesarios para procesar y comprender *sus* emociones y sentimientos. En cierto modo, pasar tiempo al aire libre ayuda a restablecer el cuerpo y la mente. También es un medio increíble para la auto-introspección. Dado que un empático no puede apagar su sensibilidad, tomar un descanso de la fuente de estimulación es una gran idea. La forma más sencilla de hacerlo es alejarse del ajetreo de la vida cotidiana de la ciudad y salir al aire libre.

Cuando los demás le rodean constantemente, se hace difícil comprender qué emociones puede estar sintiendo. Al retirarse a la naturaleza, por fin tiene la oportunidad de escuchar sus pensamientos, sentimientos y emociones. Cuando usted suelta la negatividad en la naturaleza, se crea más espacio para dar cabida a la positividad.

Poder curativo

Hacer ejercicio en la naturaleza tiene un efecto curativo no solo para los empáticos, sino para cualquier persona. Cuando hace ejercicio, su cuerpo elimina las toxinas y crea espacio para más energía positiva. Sin embargo, si hace ejercicio en el gimnasio o está rodeado de gente mientras hace ejercicio, absorbe más energía negativa. Es bastante parecido a hacer una limpieza de zumos para eliminar toxinas y a darse un atracón de alcohol. Cuando hace ejercicio en la naturaleza o al aire libre, no hay toxinas ni contaminantes. Todo lo que queda para que su cuerpo absorba es la bondad presente a su alrededor.

Efecto de conexión a tierra

El elemento Tierra está asociado a un efecto de conexión a tierra. Pasar tiempo al aire libre y en estrecha conexión con la Tierra tiene efectos positivos en el bienestar general. Todos los seres humanos están hechos de átomos. Cada una de las células del cuerpo está formada por átomos. Los átomos están llenos de partículas con carga positiva y negativa conocidas como protones y electrones. Los átomos tienden a perder sus electrones cuando se exponen a periodos prolongados de estrés, inflamación, traumatismo o incluso a un entorno tóxico. Estos electrones se convierten en radicales libres que desencadenan la inflamación y causan desagradables condiciones de salud. La forma directa de contrarrestar y neutralizar los efectos nocivos de estos radicales libres es a través de los antioxidantes. ¿Sabía que el campo electromagnético de la Tierra es un antioxidante? Cuando pasa tiempo en contacto con la energía curativa de la Tierra, su positividad es absorbida por su cuerpo. Esta energía elimina el estrés causado por los radicales libres y ayuda a calmar el sistema a nivel celular. El simple hecho de caminar descalzo por el suelo o sentarse a meditar bajo la sombra de un árbol puede tener un efecto calmante en el cuerpo y la mente.

Calmante y relajante

Escuchar el susurro de las hojas, el repiqueteo de las gotas de lluvia, el sonido de las olas, el canto de los pájaros y el crepitar del fuego es muy relajante. La mayoría de la gente utiliza estos sonidos de la naturaleza para conciliar el sueño o meditar. ¿Por qué? Porque son suaves y calmantes en lugar de los ruidos estridentes de la vida cotidiana. Vivir en una ciudad significa que todos los sentidos están constantemente estimulados, ya sea mediante el sonido, la vista o los olores. Vivir en un estado de hipersensibilidad es agotador y extremadamente estresante. Con el paso del tiempo, puede aprender a desconectar los ruidos externos, pero eso no significa que esos ruidos no estimulen sus sentidos. Como empático, su hipersensibilidad hace que sea difícil encontrar el ambiente relajante que desea en una ciudad abarrotada. Por eso, pasar tiempo en la naturaleza, como sentarse junto a un lago, un río o el océano, o acampar en el bosque, puede calmarle.

Repone su energía

Todos los empáticos están naturalmente predispuestos a ayudar a los demás. Su naturaleza generosa significa que siguen dando, dando y dando más. No lo hacen porque quieran, sino porque están programados biológicamente. En su intento de hacer del mundo un lugar mejor, los empáticos agotan sus recursos energéticos personales. Hacer esto constantemente le llevará a un punto de quiebre. Ya sea con sus amigos, con sus seres queridos o como voluntario en una organización benéfica, no hay mucho que pueda dar. Una vez que se alcanza el punto de quiebre, es esencial reponer la energía para funcionar de manera óptima. Al fin y al cabo, ¿de qué puede servir a los demás si no puede ayudarse a sí mismo?

Ponerse en primer lugar no es un signo de egoísmo. Para un empático, hacer esto puede desencadenar un ataque de culpabilidad. No hay que trabajar siempre para servir a los demás. Pasar tiempo en la naturaleza es como si el universo le permitiera ser usted mismo. Le da la oportunidad de centrarse en sí mismo y en sus energías en lugar de en los demás. Puede recargar su energía sin sentirse culpable mientras hace algo que le gusta.

Un descanso del mundo moderno

El ajetreo de un mundo frenético y exigente es realmente agotador. No es de extrañar que los empáticos anhelen una vida sencilla que no abrume sus sentidos. Las personas se ven asaltadas con frecuencia por las notificaciones de las redes sociales en diferentes dispositivos electrónicos y otras distracciones. La sobrecarga constante de los sentidos es agotadora. Quizás el descanso más sencillo que un empático puede obtener del mundo moderno es retirarse a la naturaleza. Incluso pasar treinta minutos en la naturaleza puede renovar la energía de un empático. Tomar el sol, escuchar los sonidos de la naturaleza y pasar un rato rodeado de belleza suena más atractivo para un empático que quedarse en casa encadenado a varios aparatos.

Después de revisar esta lista, puede que por fin comprenda su amor y afinidad por la naturaleza. La naturaleza no solo cura, sino que fortalece y da energía. Ayuda a eliminar cualquier rastro innecesario de energía y repone todas las cosas positivas y deseables.

El efecto de la Luna Llena

La naturaleza le permite a un empático sentirse en paz. Los fenómenos naturales como la luna llena o incluso los desastres naturales afectan a los empáticos. Se cree que la luna llena es increíblemente poderosa. No solo la mitología y el folclore apoyan esta afirmación, sino que incluso la ciencia la respalda. Por ejemplo, en la antigua Grecia, se creía que la luna llena era la diosa Artemisa, y en el antiguo Egipto, se encarnaba como la diosa leona Bastet. En Hawái, la luna llena se conoce como la diosa Mahina, y los paganos creen que la luna es la responsable de cuidar el paso del tiempo y los diferentes círculos de la naturaleza. Ahora bien, antes de que lo tachen de mitos o mitología, fíjense en lo que la ciencia moderna tiene que decir al respecto. La ciencia ha demostrado que las mareas oceánicas están gobernadas por este satélite de la Tierra—la Luna.

Este constante flujo y reflujo de los ciclos naturales afecta al cuerpo humano y a las emociones. Puede que no se haya dado cuenta, pero todo el mundo es sensible a los ciclos naturales. Como empático, usted es más sensible a esto de lo que probablemente haya pensado. La luna afecta el ciclo natural del agua. Alrededor del 70% del mundo está hecho de agua, al igual que el cuerpo humano. El agua está asociada a los sentimientos, las emociones y es una fuente de intuición, por lo que los empáticos se ven influidos por las diferentes fases de la luna. La más importante de todas es la luna llena. Cuando la luna está en su punto más brillante, resulta más poderosa. La luna llena aumenta su sensibilidad habitual, su intuición y le hace ser muy consciente de las energías que le rodean. Quizás sea el momento perfecto para practicar un ritual de autocuidado. Utilice la luna llena para aprovechar su empatía y fortalecerla mientras se protege de las energías negativas.

Trabaje con cristales para el amor propio, como la amatista, el cuarzo rosa y la malaquita en luna llena. Busque un lugar tranquilo para usted, preferiblemente al aire libre, para absorber la energía radiante de la luna. Sostenga el cristal elegido en sus manos y medite. Pida al universo que le guíe y le ayude a absorber las energías curativas que emiten estos cristales, al tiempo que se deshace de energías indeseables. Ciertas plantas como el jazmín, el cardamomo, el enebro y el incienso refuerzan su energía personal porque resuenan fuertemente con los ciclos energéticos de la luna. El uso de aceites esenciales derivados de estas plantas también puede ayudar. Practicar ejercicios sencillos de yoga o incluso salir a correr por la noche puede ayudar a regular su reloj biológico interno y promover la relajación y el sueño.

El efecto de las catástrofes naturales

Las catástrofes naturales son acontecimientos desafortunados y a menudo provocan la pérdida de vidas humanas y recursos y dejan un rastro de destrucción a su paso. Ya sea un terremoto, un tsunami o una erupción volcánica, las catástrofes naturales son difíciles, aterradoras y agotadoras. ¿Se pregunta cómo se asocia esto a un empático? En la primera parte, explicamos que la naturaleza ayuda a un empático a sanar y a sentir una sensación de paz interior. Cuando la naturaleza se altera, la sensación de paz interior de un empático también se altera. Dado que estos individuos son únicos y pueden comprender las perspectivas y las luchas que atraviesan los demás, se vuelven más sensibles a las catástrofes naturales. Las víctimas de un acontecimiento catastrófico viven en un estado de miedo. "¿De dónde saldrá mi próxima comida?" "¿Tenemos suficientes medicamentos?" o "¿Cómo viviremos después de este desastre?" se convierten en las preocupaciones más apremiantes de las víctimas. Como empático, es probable que usted también haya sentido estas emociones. ¿Quizás incluso las ha experimentado como si fueran suyas?

Tanto si vive en la zona afectada por una catástrofe natural como si no, su corazón está con las víctimas. Una actividad tan sencilla como ver las noticias o leer sobre ellas en los periódicos puede ser problemática para los empáticos. Se convierte en una fuente de estrés intenso. Como empático, querrá ayudarles en todo lo que pueda. Después de todo, su tendencia inherente es aliviar el sufrimiento de alguien. Todo el mundo tiende a sentirse impotente cuando está atrapado en situaciones que no puede solucionar o sobre las que tiene poco control. Esto aumenta la sensación de descontento y le hace sentir totalmente fuera de control. Todos estos sentimientos intensos se amplifican gravemente en el caso de los empáticos. Los empáticos prosperan cuando los demás a su alrededor son felices. Si el mundo está lleno de miseria, los empáticos no pueden ser felices ni estar en paz. Así que, la próxima vez que se sienta incómodo o experimente algún malestar en su cuerpo que no pueda explicar mientras lee sobre desastres naturales, todo se debe a su empatía.

Cómo crear un entorno de trabajo óptimo

Una jornada laboral habitual dura unas ocho horas. Es probable que pase un tercio de su vida en el trabajo. Por lo tanto, es esencial asegurarse de que su entorno de trabajo es óptimo. Un entorno de trabajo tóxico puede agotar rápidamente su energía y reducir su productividad general. La forma más sencilla de asegurarse de que no hay una sobrecarga emocional en su empatía es asegurarse de que su espacio de trabajo protege esta energía. Los tres aspectos en los que debe concentrarse cuando se trata de su entorno de trabajo son el sentido que obtiene de su trabajo, la energía del espacio físico y la energía de quienes le rodean.

Necesita límites sanos y energéticos en su espacio de trabajo. Trabajar en una oficina abierta o caótica agotará su energía y abrumará sus sentidos. La forma más sencilla de hacerlo es colocando en su escritorio fotografías de sus seres queridos, de las mascotas de la familia o de cualquier paisaje que le tranquilice. Cree una pequeña barrera psicológica entre usted y el resto del mundo. Los objetos protectores y curativos, como las cuentas sagradas, los cristales o incluso una pequeña estatua de Buda, pueden crear un límite energético. Siempre que sea posible, aléjese del entorno de trabajo y salga al exterior. Tanto si se trata de una pausa de diez minutos para tomar un café como de una pausa para comer, vaya a un parque cercano o salga del edificio de la oficina, y se sentirá mejor. Quizás pueda utilizar auriculares antiruido para reproducir música relajante mientras trabaja. Ahogar los ruidos y sonidos externos ayuda mucho.

Puede considerar la posibilidad de purificar la energía en su espacio de trabajo. Puede rociar un poco de agua de rosas alrededor del escritorio o de la habitación, quemar salvia si es posible, o incluso encender una varilla de incienso. Cuando se trata de quemar salvia y encender incienso, asegúrese de que no se activen las alarmas de humo ni se moleste a otros compañeros de trabajo. También puede aplicar aceites esenciales en su escritorio sin molestar a los demás. Antes de empezar a trabajar, medite en su escritorio y pida al universo que le guíe. Busque las energías protectoras y curativas que el universo le ofrece y utilícelas para reponer sus energías.

Tratar con los demás, especialmente con vampiros energéticos que drenan su energía, es increíblemente importante. Las personas negativas emiten energía negativa. Como empático, es sensible a esta energía, y se amplifica aún más cuando es absorbida, por lo que establecer límites y definirlos es una gran manera de mantener alejadas a las personas tóxicas. La política de la oficina, los conflictos insignificantes, las rencillas o las murmuraciones pueden ser increíblemente agotadoras para su salud emocional y mental. Si observa que hay personas tóxicas en su entorno, intente mantener la distancia con ellas. Si no es posible mantener la distancia física, cree una barrera mental. Tome conciencia de sus energías y manténgalos alejados. Intente limitar sus interacciones y, si es posible, aléjese de ellos. Elabore estrategias eficaces para afrontar el estrés laboral. Una forma sencilla de crear un equilibrio entre el trabajo y la vida privada es no llevar el estrés laboral a casa. En cuanto termine la jornada laboral, es hora de dejar de lado las preocupaciones y volver a casa. Tómese su tiempo para energizarse y recuperarse. Cree y ponga en práctica un límite saludable entre su vida laboral y profesional.

Cómo crear un entorno doméstico ideal

Es posible que haya escuchado el dicho popular de que el hogar es donde está el corazón. Sus sentidos altamente sintonizados como empático significan que absorbe constantemente las energías y emociones de los demás. Usted ve el mundo utilizando su intuición, sus sentimientos y su capacidad para comprender los sentimientos de los demás. Estas sensibilidades son regalos brillantes, pero también pueden desequilibrar su vida. Dado que es extremadamente sensible a su entorno, este le afecta de un modo u otro, por lo que debe crear el ambiente ideal en su hogar, que le ayude a prosperar y florecer como empático. Si se siente constantemente abrumado, agitado o inquieto sin razón aparente, significa que no está en el entorno adecuado. Vivir en una casa oscura, sucia o desorganizada puede abrumar rápidamente sus sentidos y drenar la poca energía que le queda. Su hogar debe ser un lugar en el que pueda recuperarse y recobrar sus energías después de un día agotador. Su casa le ofrece un descanso del mundo abrumador en el que vive. La siguiente sección trata de consejos sencillos que puedes utilizar para crear el ambiente ideal en casa.

Como se ha mencionado anteriormente, los empáticos tienen una profunda conexión con la naturaleza y prosperan con ella. La forma más sencilla de traer un elemento de la naturaleza a su hogar es a través de las plantas. Rodee su espacio con plantas de color verde brillante, y eso le levantará el ánimo al instante. Las plantas también añaden un poco de vida y vigor a su entorno. Si no son plantas, considere la posibilidad de colocar flores frescas en la casa. Cada dos días, consiga flores frescas para su casa y añada vida al ambiente.

Un rasgo importante de un empático es su creatividad. Su imaginación y creatividad son sus superpoderes. Cuando este rodeado de belleza, se sentirá inspirado y extremadamente creativo. Buscar la belleza no es una frivolidad y, desde luego, no es un signo de vanidad. Coloque en su entorno cuadros coloridos u otras obras de arte, cristales, fotografías, recuerdos y otros objetos de adorno para potenciar su creatividad e imaginación. Cuando se está rodeado de belleza y color, uno se siente instantáneamente mejor consigo mismo.

Asegúrese de que los colores de su casa sean edificantes. En lugar de optar por colores excepcionalmente brillantes u oscuros que atenúen su energía, opte por tonos agradables y placenteros. Los tonos pastel y los colores neutros funcionan bien en lugar de los colores oscuros como el rojo, el negro, el gris o el azul oscuro. No solo hay que prestar atención a los colores, sino también a la iluminación. Deje que la luz natural inunde su casa y, si no es así, debe haber suficiente iluminación artificial para compensarlo. Evite la iluminación apagada y opte por luces brillantes y agradables.

Los colores también influyen en sus niveles de motivación, estrés, energía y estado de ánimo general. Por ejemplo, un color rojo intenso sugiere agresividad, mientras que el amarillo puede inducir ansiedad. El estrés también puede dispararse si se vive en una casa desordenada. Dedique tiempo y empiece a limpiar el desorden. Si usted vio la serie de Netflix *¡A ordenar con Marie Kondo!*, probablemente se dio cuenta de la importancia de ordenar su espacio vital. Estar rodeado de desorden o de trastos innecesarios puede llegar a dejarle cansado rápidamente. Revise todas sus posesiones y conserve solo los objetos que añaden valor o significado a su vida. Si un artículo no cumple ninguna de estas condiciones, deséchelo. El orden es también una forma de reducir el estrés y mejorar el estado de ánimo. Utilice el principio básico de ordenar en todos los aspectos de su vida.

Como empático, necesita tiempo alejado de los demás, por lo que necesita un espacio en el que no se le permita entrar a nadie más y que realmente le pertenezca. No tiene por qué ser una habitación grande. Incluso un pequeño rincón de la casa puede ser su guarida zen. Medite en este lugar, aléjese del estrés de la vida cotidiana y utilícelo para la auto-introspección. Si hay otras personas que viven en la casa, asegúrese de que tiene espacio para usted y de que nadie se entrometa en su tiempo a solas.

Los empáticos son increíblemente sensibles a los aromas y productos químicos fuertes. Si desea dejar su casa con un olor agradable y relajante mientras calma su mente sin contaminar el aire, utilice aceites esenciales. Los difusores de aceites esenciales le serán muy útiles. Difundir en casa aceites esenciales de lavanda, naranja, bergamota o ylang-ylang creará un ambiente reconfortante.

Siguiendo los sencillos consejos comentados en esta sección, puede elevar instantáneamente su estado de ánimo y eliminar cualquier energía negativa. No puede controlar muchas cosas en la vida, pero sí puede regular su entorno para adaptarlo a sus necesidades y deseos. No lo dude y tome las medidas necesarias para mejorar su empatía y reducir las posibilidades de sentirse abrumado. Cuando su entorno es propicio para el crecimiento, el amor y el desarrollo, le hace sentir mejor al instante. Cuando se siente mejor consigo mismo, su calidad de vida mejora.

Capítulo 6: La importancia de una vida equilibrada

Las matemáticas enseñan que toda función debe estar equilibrada. La misma lógica se aplica a su vida. Si desea llevar una vida feliz y saludable, tiene que haber equilibrio. Si siente que tiene poco o ningún control sobre su vida, significa que su vida carece de equilibrio. Un error común que comete mucha gente cuando se trata de la felicidad es creer que esta proviene de fuentes externas. La gente asocia la felicidad con diferentes cosas en la vida. Por ejemplo, puede decirse a sí mismo que será feliz cuando compre la casa de sus sueños, consiga el trabajo ideal o cualquier otra cosa por el estilo.

Recuerde que todas estas cosas son objetivos, pero no son el medio para alcanzar la felicidad. La verdadera felicidad surge del interior y no puede ser arrebatada. Nadie puede privarle de su alegría a menos que usted se lo permita. La felicidad suele estar en las pequeñas cosas de la vida. ¿Se pregunta cuál es la relación entre la felicidad y el equilibrio? Uno no puede existir sin el otro. No puede ser feliz si su vida está desequilibrada, y la falta de equilibrio le hace infeliz. Llevar una vida equilibrada es un arte. Lo que puede funcionar para otros no tiene por qué funcionar para usted. Su idea de equilibrio puede ser muy diferente de lo que otros creen o perciben.

En este capítulo, usted aprenderá a equilibrar diferentes aspectos de su vida como empático.

Diferentes aspectos de la vida

¿Qué significa vivir una vida equilibrada? En esencia, significa que los diferentes elementos de su vida no se superponen entre sí y que usted los controla. También significa que no hay discordia entre su corazón y su mente. Imagine lo difícil que sería la vida si su corazón fuera en una dirección mientras su mente le dice que haga otra cosa. Cuando se vive una vida bien equilibrada, el corazón y la mente trabajan en sinergia y le ayudan a moverse en la dirección correcta sin agitación interna ni lucha de poder. Una vida equilibrada le hace sentirse motivado, con los pies en la tierra, tranquilo, feliz y centrado.

Ahora bien, puede que se pregunte cómo puede vivir una vida equilibrada. La respuesta es muy sencilla. Lo primero que debe hacer es concentrarse en diferentes aspectos de su vida. Cada elemento de su vida puede clasificarse a grandes rasgos en dos categorías: interna y externa. Los desequilibrios en la vida se producen cuando se centra más en un aspecto y se olvida del otro. Es necesario que haya armonía entre los componentes internos y externos de su vida, para sentirse equilibrado y en paz.

Por ejemplo, cuando se centra únicamente en los aspectos externos de su vida, como las relaciones, el trabajo o las actividades, no le queda mucho tiempo, energía o fuerza para ocuparse de su yo interno. Al centrarse en estos aspectos externos, está evitando lo que ocurre dentro de su cuerpo, mente, corazón y alma. Por otro lado, si usted dedica todo su tiempo a la autorreflexión, se olvida de la vida que transcurre a su alrededor.

Hay tres cosas que entran en los componentes internos de su vida: el corazón, la mente y la salud. Es necesario desafiar a su mente intelectualmente, crear oportunidades para prosperar y crecer, y darle el descanso que requiere. En lo que respecta a su corazón, necesita encontrar un equilibrio entre dar y recibir amor. Nunca puede ser una calle de sentido único. Como empático, es probable que se incline por ser el dador en todas las situaciones de su vida. El problema que esto plantea es que termina con poco o ningún amor por usted mismo. Querido empático, estará tentado a ayudar a todo el que se le cruce en su camino porque es naturalmente dadivoso. Pero lo mejor sería que usted dirigiera su empatía y compasión también hacia usted mismo.

Necesita y merece empatía tanto como quienes le rodean. Los diferentes componentes de su vida interior en los que debe concentrarse son su salud física y mental. Es necesario que mantenga una dieta saludable, que haga ejercicio con regularidad y que descanse lo suficiente. Del mismo modo, le ayudaría encontrar un equilibrio entre hacer todas estas cosas y darse un capricho de vez en cuando. Cuando se priva de una cosa por estar centrado exclusivamente en otra, se crea mucho desequilibrio. Puede que no se dé cuenta de su efecto inmediatamente, pero con el tiempo, todo se acumula y se convierte en un gran problema.

Ahora, concéntrese en los aspectos externos de su vida. Hay cuatro áreas: entorno social, trabajo o carrera, familia y diversión. En lo que respecta al trabajo, debe fijarse ciertas metas para sobresalir en la vida y salir adelante. Mientras lo hace, intente ver el panorama general y disfrutar del viaje que está realizando. Si se concentra únicamente en sus objetivos, se olvida del viaje— la vida que está viviendo.

Mire el componente social de su vida. Le ayudará tomarse tiempo para sí mismo como empático, pero eso no significa aislarse. El autoaislamiento no es la respuesta. Del mismo modo, no es necesario que se convierta en una maravilla social. Sin embargo, como empático, no puede pasar todo su tiempo socializando porque se vuelve increíblemente agotador. Lograr un equilibrio entre el tiempo que se pasa con uno mismo y con los demás es importante para el bienestar general. Todas sus obligaciones y relaciones, ya sean familiares o románticas, son importantes. Mientras lo hace, no se olvide de establecer ciertos límites. Como empático, probablemente está acostumbrado a desvivirse por complacer y ayudar a los demás. Si no establece límites, acabará comprometiendo las cosas que más le importan. Dedique suficiente tiempo a las actividades que le gustan. Le ayudará encontrar un equilibrio entre hacerlo y procurar no pasarse de la raya mientras disfruta de su vida.

A estas alturas, es bastante obvio que la vida existe en un espectro. Tiene que asegurarse de que ambos extremos del espectro estén bien equilibrados. Si se va a un extremo, se rompe el equilibrio.

Realinear su vida

¿Alguna vez ha visto a un equilibrista? Tienen que caminar sobre una cuerda que está suspendida sobre el suelo. El objetivo es llegar de un extremo al otro sin perder el equilibrio. Para mantener el equilibrio, el equilibrista utiliza una barra larga. Pues bien, la vida es así. En la sección anterior, se le presentaron diferentes aspectos de la vida en los que debe concentrarse. Si uno de estos aspectos está desequilibrado, afecta a todos los demás. La vida es un acto de equilibrio. Los empáticos necesitan aprender a encontrar el equilibrio adecuado entre su vida interna y externa para su salud y felicidad. En esta sección se examinan algunos consejos sencillos y prácticos que puedes utilizar para alcanzar este objetivo.

Hacer balance y reconocer

Antes de reequilibrar su vida, es importante hacer un balance de dónde se encuentra en este momento. Evalúe su vida y todo lo que está ocurriendo. Está bien reconocer que ciertos aspectos de su vida no están equilibrados. No puede lograr la armonía si no acepta una cierta cantidad de discordia. Esta aceptación es liberadora y fortalecedora. Le da una mejor comprensión de lo que desea en la vida. Una vez que usted tiene una mejor comprensión de sí mismo, la vida se vuelve más fácil.

Establecer objetivos

Debe fijarse objetivos en diferentes aspectos de su vida–objetivos para su salud, su bienestar mental, su vida social y su carrera. Cuando se trazan ciertos objetivos, estos le dan un sentido de dirección y propósito a su vida. Cuando sabe hacia dónde se dirige, es más fácil tomar las medidas necesarias para llegar allí. Dado que los empáticos se ven constantemente abrumados por las emociones y los sentimientos de los demás, que no son suyos, estos objetivos actúan como faros de referencia. No se trata solo de establecer objetivos, sino de planificar y preparar la consecución de los mismos.

Decisión consciente

Tome la decisión consciente de reequilibrar su vida. A menos que tome esta decisión y se comprometa, no podrá avanzar. Cuando elige la realidad como el camino que guía sus decisiones, recuperar el equilibrio es más fácil. Tomar la decisión consciente de cambiar le asegura atenerse a esta regla a la hora de tomar decisiones. Esto también reduce el estrés que usted experimenta.

Asuma riesgos

No hay recompensas en la vida si no se asumen riesgos. Evalúese a sí mismo y esté dispuesto a salir de su zona de confort. Asumir riesgos no solo ofrece varias oportunidades de crecimiento y desarrollo, sino que mejora su vida en general. Le hace más consciente de lo que es la vida y de sus habilidades. No tema correr riesgos. Al contrario, reconozca que sin riesgos no llegará a ninguna parte en la vida. Es importante que usted reconozca la importancia del equilibrio en su vida y trabaje para crearlo, para que cada riesgo que asuma valga la pena.

Potenciarse a sí mismo

Aprenda a empoderarse. Habrá ocasiones en las que la vida no vaya como usted quiere, o en las que se sienta abrumado por otras cosas. En esos casos, aprenda a ser amable consigo mismo. Lograr una mínima sensación de equilibrio en la vida se vuelve difícil si es demasiado duro consigo mismo. Como empático, puede que esté acostumbrado a ser compasivo con los demás. Extienda esta compasión hacia usted mismo y las cosas mejorarán.

Prepararse y planificar

La vida es imprevisible, pero puede reducir esta imprevisibilidad mediante la planificación y la preparación. Siempre que haga un plan, prepárese para todos los contratiempos u obstáculos a los que pueda enfrentarse. Es una forma estupenda de recuperar la sensación de equilibrio y control sobre su vida. Por ejemplo, si sabe que tiene varios compromisos oficiales y personales para la semana siguiente, haga un horario. De este modo, puede asegurarse de que está cumpliendo con todas sus obligaciones sin ningún tipo de compromiso. También le permitirá conocer mejor cómo invierte su tiempo.

Auto-introspección

No se olvide de reservar tiempo para la auto-introspección. Sea como sea, la auto-introspección es esencial para el crecimiento. También le ayudará a comprender las actividades que debe realizar para asegurarse de que su vida está equilibrada. Nunca sabe realmente lo bien que lo está haciendo o en qué áreas se está quedando atrás hasta que reevalúa su posición. Ninguna decisión que toma es inamovible. Si algo no le funciona, cámbielo. No puede realizar este cambio sin introspección y autoevaluación. Antes de dormir por la noche, repase el día que ha tenido y observe los aspectos positivos y negativos. Si cree que hay un margen para mejorar, trabaje en ello al día siguiente. También puede planificar el día siguiente, para sentirse más organizado por la mañana.

Ideas para un estilo de vida equilibrado

A continuación, le presentamos formas sencillas de equilibrar diferentes aspectos de su vida como empático.

Salud física

La dieta, el ejercicio, el sueño y el descanso son los cuatro aspectos que debe optimizar para mantener su salud física. Como los empáticos son extremadamente sensibles, no pueden llevar una vida equilibrada si no se concentran en todos estos aspectos. No se puede descartar la importancia de la nutrición cuando se trata de una dieta equilibrada. Comer de forma saludable favorece su funcionamiento mental y mantiene su estado de ánimo general. Asegúrese de consumir una dieta rica en verduras, proteínas y frutas. Una dieta sana y saludable le permite alcanzar y mantener su peso ideal. Siga los sencillos consejos dietéticos comentados en la sección anterior y verá un cambio positivo en su salud física. Además de la dieta, concéntrese en el ejercicio, el sueño y el descanso.

Propóngase hacer ejercicio durante al menos veinte minutos al día. Cualquier ejercicio es bueno, y no tiene por qué ser una sesión de gimnasio. Ya sea nadar, correr, hacer jogging o practicar un deporte, añada actividad física a su rutina diaria. Una combinación de dieta y ejercicio mejorará su estado físico general, su fuerza y su resistencia.

Los adultos necesitan entre siete y nueve horas de sueño de buena calidad por la noche. Recuerde que lo importante no es solo la duración del sueño, sino también su calidad. No tiene sentido que duerma diez horas, pero se siga despertando cada una o dos horas. Un sueño alterado aumenta los niveles de estrés e impide que su cuerpo funcione eficazmente, reduciendo su funcionamiento cognitivo. La falta de sueño es la principal causa de varias enfermedades crónicas. Un consejo sencillo que puede utilizar para mejorar la calidad de su sueño es crear un ritual relajante a la hora de acostarse.

Tomar un baño relajante, ponerse ropa cómoda, realizar una lectura ligera o escuchar música relajante pueden formar parte de su horario de sueño. Asegúrese de despertarse y dormir a la misma hora todos los días, incluso los fines de semana. Esto ayuda a regular su ritmo circulatorio. El entorno del dormitorio debe ser propicio para un sueño de calidad. Evite la iluminación intensa, mantenga una temperatura ideal y asegúrese de que no sea ruidoso. Dele a su cuerpo y a su mente cinco minutos diarios para desconectar. Puede meditar, hacer un poco de yoga o incluso darse un masaje relajante para desestresarse.

Salud mental

Para mejorar y equilibrar su salud mental, es importante estar al tanto de todas las tareas que debe realizar. Afrontar el estrés es una gran manera de mejorar su salud mental, así que empiece el día fijándose objetivos alcanzables en los que pueda trabajar. Los objetivos deben ser pequeños y no demasiado complicados. Al final del día, revise todas las actividades que ha realizado y si ha alcanzado los objetivos o no. Siempre que vea que hay margen de mejora en su vida, trabaje en ello.

Otra buena forma de mantener sus niveles de motivación es crear una lista de tareas pendientes. Levántese temprano y haga una lista de todas las tareas que quiere realizar en un día. Si no tiene tiempo por la mañana temprano, puede hacerlo antes de irse a dormir por la noche. Así, en cuanto se despierte, sabrá todas las cosas que tiene que completar. Esto ayuda a priorizar sus responsabilidades y a realizar las cosas que dan sentido a su vida. Esta sencilla actividad también reduce el estrés y la carga mental innecesarios. Como empático, ya experimenta una gran cantidad de estrés cuando se expone a las multitudes y a las emociones de los demás—no necesita ningún estrés adicional. Concéntrese en actividades que le ayuden a mejorar su vida y le aporten significado. No, no se trata de su carrera; en cambio, dedíquese a actividades que le hagan feliz. Puede leer, pintar, bailar, cantar o hacer cualquier otra cosa que le haga feliz. Dedicarse a sus aficiones añade valor a su vida y reduce el estrés. Como los empáticos son creativos por naturaleza, dedicarse a un pasatiempo aumenta su creatividad e imaginación.

Dedique tiempo y póngase en contacto con su ser espiritual. Espiritualidad y religión no son sinónimos. Se puede ser espiritual, aunque no se crea en una religión concreta. Depende de usted y es una elección personal. Para desarrollar su espiritualidad, medite, haga yoga o camine en la naturaleza. Pasar tiempo al aire libre y conectar con la naturaleza le ayudará a recargar y revitalizar sus baterías y le preparará para todo lo que la vida le depare.

Necesidades sociales

La mayoría de los empáticos se inclinan por la introversión, pero el aislamiento excesivo nunca es deseable, y ciertamente no es algo bueno. Cuando se aísla de los demás, aumenta el riesgo de depresión y ansiedad, al tiempo que se reduce la confianza en sí mismo y la autoestima. Es comprensible que los empáticos necesiten un poco de tiempo a solas. Aprenda a encontrar un equilibrio entre la soledad que desea y la socialización.

Una vida social sana es importante para su salud mental y emocional. La vida social no significa asistir a fiestas o visitar lugares concurridos cada noche. Puede ser algo tan sencillo como quedar con los amigos para comer o charlar con ellos. Póngase al día de todo lo que ocurre en la vida de los demás y manténgase involucrado. No se aísle porque sus seres queridos son su sistema de apoyo. Al mismo tiempo, asegúrese de establecer límites saludables. Está bien ayudar a sus amigos y familiares, pero no a costa de un gran coste personal y no siempre. Si se establecen límites personales y se ponen en práctica, se ayuda a aumentar la confianza en uno mismo y a mantener relaciones sanas. Si permite que los demás le consuman por completo en nombre de su relación, se quedará sin nada al final del día.

Equilibrio entre el trabajo y la vida privada

Establecer el equilibrio entre el trabajo y la vida privada es un aspecto crítico de una vida bien equilibrada. No ponga en peligro su vida personal por el bien de su carrera y viceversa. Si lo hace, generará descontento e infelicidad. También contribuye a la agitación mental y al estrés emocional. Cuando esté en el trabajo, evite cualquier distracción y concéntrese exclusivamente en el trabajo. Una vez que salga de la oficina, olvídese del estrés laboral e intente no llevarlo a casa. Establezca y aplique límites claros en su relación con la vida laboral.

No se sienta abrumado por los diferentes consejos que se dan en este capítulo. Son bastante fáciles de seguir y prácticos. Lo primero que debe hacer es aceptar que usted es el único que puede controlar su vida. Aunque una situación parezca desesperada, siempre hay una opción disponible. Empiece por poner en práctica estos consejos de uno en uno, no intente hacerlo todo de una vez si quiere tener éxito. Al aprender a equilibrar su vida, conseguirá una mejor comprensión de sí mismo y de su empatía.

Capítulo 7: Trampas que los empáticos deben evitar

La vida de un empático no siempre es fácil. Estos poderes pueden causar obstáculos en la vida si no se controlan. En esta sección se examinan los obstáculos sencillos que todos los empáticos deben evitar si quieren llevar una vida feliz, sana y exitosa.

Cómo lidiar con la ira

La ira es una emoción humana natural, y todo el mundo la experimenta de vez en cuando. También es una de las emociones más poderosas y potencialmente destructivas. Dado que todas las emociones se amplifican para un empático, la ira también se amplifica. La razón principal de esto es que los empáticos tienden a sentir las cosas primero y a reaccionar inmediatamente. Apenas hay tiempo para el proceso de pensamiento. Esto hace que la ira sea increíblemente potente para los empáticos. La intensidad de una emoción es directamente proporcional a la conexión. Cuanto más intensa es una reacción, más profunda es la conexión.

Hay dos respuestas habituales de los empáticos a la hora de enfrentarse a la ira. El empático tendrá un arrebato de ira, o huirá y se distanciará de la situación que causa la ira. Por ello, los empáticos se sienten extremadamente abrumados y estimulados cuando se exponen a emociones intensas y a la ira. Por lo tanto, si hubo casos en los que se sintió extremadamente enojado o incluso lloró de frustración, se debe a su empatía. Su empatía amplifica la ira básica que siente, y esta se hace más grande y aterradora de lo que realmente es.

La ira es extremadamente complicada para un empático porque es consciente de las emociones antes de que los demás sean conscientes de ellas. Este tipo de enfado se convierte en un gran obstáculo, especialmente si la persona con la que estás enfadado es su pareja sentimental. También puede ocurrir con un compañero de trabajo. Cuando permite que el enfado nuble su juicio y cede a las emociones y reacciones intensas, los demás se retraen. Cuando los demás empiezan a retirarse, a atacar o a evitarle a usted o a la situación por completo, se intensifica aún más su enfado. Esto, a su vez, también aumenta el estrés que experimenta.

Un empático enfadado es similar a un tigre enfadado confinado en una jaula. Lo único que puede hacer es pasearse miserablemente, esperando abalanzarse o incluso escapar. Pues bien, ninguna de estas reacciones es deseable, ni siquiera práctica. La ira es una emoción secundaria que se utiliza para enmascarar una emoción primaria. Como empático, usted no solo siente su ira, sino que también puede experimentar la ira de los demás. Como todo se magnifica, aprender a manejar la ira es esencial para su bienestar general.

Hay diferentes formas físicas en las que se puede manifestar la ira, que van desde los dolores de cabeza hasta el insomnio, la depresión e incluso la presión arterial alta. La incapacidad de procesar y controlar la ira puede empeorar la salud física. A su vez, puede aumentar el estrés mental y agravar aún más la ira. ¿Se da cuenta de que la incapacidad de controlar la ira es un círculo vicioso que se refuerza a sí mismo? La ira no procesada que proviene de otros es extremadamente incómoda. Cualquier ira antigua que aún esté presente en su interior puede convertirse rápidamente en amargura o resentimiento si no se controla. Por otro lado, el dolor fresco se siente como si se estuviera demasiado cerca de una llama caliente y es incómodo.

La razón más común por la que la gente se siente enfadada es el miedo. El miedo es una emoción primaria que desencadena una emoción secundaria— La ira es una emoción humana natural, y todo el mundo la experimenta de vez en cuando. También es una de las emociones más poderosas y potencialmente destructivas. Dado que todas las emociones se amplifican para un empático, la ira también se amplifica. La razón principal de esto es que los empáticos tienden a sentir las cosas primero y a reaccionar inmediatamente. Apenas hay tiempo para el proceso de pensamiento. Esto hace que la ira sea increíblemente potente para los empáticos. La intensidad de una emoción es directamente proporcional a la conexión. Cuanto más intensa es una reacción, más profunda es la conexión.

Hay dos respuestas habituales de los empáticos a la hora de enfrentarse a la ira. El empático tendrá un arrebato de ira, o huirá y se distanciará de la situación que causa la ira. Por ello, los empáticos se sienten extremadamente abrumados y estimulados cuando se exponen a emociones intensas y a la ira. Por lo tanto, si hubo casos en los que se sintió extremadamente enojado o incluso lloró de frustración, se debe a su empatía. Su empatía amplifica la ira básica que siente, y esta se hace más grande y aterradora de lo que realmente es.

La ira es extremadamente complicada para un empático porque es consciente de las emociones antes de que los demás sean conscientes de ellas. Este tipo de enfado se convierte en un gran obstáculo, especialmente si la persona con la que estás enfadado es su pareja sentimental. También puede ocurrir con un compañero de trabajo. Cuando permite que el enfado nuble su juicio y cede a las emociones y reacciones intensas, los demás se retraen. Cuando los demás empiezan a retirarse, a atacar o a evitarle a usted o a la situación por completo, se intensifica aún más su enfado. Esto, a su vez, también aumenta el estrés que experimenta.

Un empático enfadado es similar a un tigre enfadado confinado en una jaula. Lo único que puede hacer es pasearse miserablemente, esperando abalanzarse o incluso escapar. Pues bien, ninguna de estas reacciones es deseable, ni siquiera práctica. La ira es una emoción secundaria que se utiliza para enmascarar una emoción primaria. Como empático, usted no solo siente su ira, sino que también puede experimentar la ira de los demás. Como todo se magnifica, aprender a manejar la ira es esencial para su bienestar general.

Hay diferentes formas físicas en las que se puede manifestar la ira, que van desde los dolores de cabeza hasta el insomnio, la depresión e incluso la presión arterial alta. La incapacidad de procesar y controlar la ira puede empeorar la salud física. A su vez, puede aumentar el estrés mental y agravar aún más la ira. ¿Se da cuenta de que la incapacidad de controlar la ira es un círculo vicioso que se refuerza a sí mismo? La ira no procesada que proviene de otros es extremadamente incómoda. Cualquier ira antigua que aún esté presente en su interior puede convertirse rápidamente en amargura o resentimiento si no se controla. Por otro lado, el dolor fresco se siente como si se estuviera demasiado cerca de una llama caliente y es incómodo.

La razón más común por la que la gente se siente enfadada es el miedo. El miedo es una emoción primaria que desencadena una emoción secundaria: el enfado. La próxima vez que se sienta enfadado, tómese un momento para recuperar la calma. Dé un paso atrás e intente ver la situación desde una perspectiva neutral. Cuando retire la primera capa de su ira, se dará cuenta de que se debe a algún miedo o dolor. La ira actúa como un escudo que le protege de ese miedo o dolor que se le presenta. Lamentablemente, no ayuda a resolver el problema y simplemente empeora la situación.

Cuando usted se siente enojado, lo primero que debe hacer es cuestionar de quién es el enojo que siente. Si es su enfado, considere las razones por las que puede estar enfadado antes de reaccionar. Aprenda a responder en lugar de reaccionar. Cuando usted responda, significará que está pensando tranquila y racionalmente sobre la situación en lugar de permitir que sus emociones guíen el camino. Si se da cuenta de que el enfado que siente no es suyo, deséchelo. Usted tiene control total sobre sus emociones, y no necesita absorber las emociones ajenas. Recuerde esta verdad siempre que se sienta abrumado por los demás. Como empático, es usted un sanador y un cuidador natural. Canalice su compasión interior y deje que esta guíe el camino en lugar de su ira. Como puede pensar desde la perspectiva de los demás, utilice esta fuerza para disipar su ira.

Susceptibilidad a las adicciones

En uno de los capítulos anteriores, se le presentó la idea de por qué los empáticos son susceptibles a las adicciones. Tanto si se trata de comer en exceso como de depender del alcohol, las drogas o cualquier otra sustancia, la susceptibilidad de un empático a las adicciones no puede pasarse por alto. La razón principal por la que dependen de otras sustancias o de mecanismos de afrontamiento poco saludables es que no pueden lidiar con sus emociones. La constante estimulación emocional, junto con el mundo altamente desafiante y las vidas estresantes que la gente lleva hoy en día, puede ser demasiado para que un empático pueda soportarlo.

La adicción no es solo una mera distracción; también puede perturbar y destruir su vida, si no se controla. Los empáticos no son como los individuos normales, y desde luego no están destinados a llevar una vida normal. La empatía, que los diferencia de los demás, también puede convertirse en una debilidad. La incapacidad de lidiar con las emociones dolorosas o no entender el origen de estas emociones y la falta de autoconciencia pueden desencadenar la soledad. En un intento de hacer frente a todas estas cosas, los empáticos se desvían en el proceso. La incapacidad de comprender y procesar de forma eficaz y eficiente toda la energía con la que un empático sigue interactuando puede pasar factura a su salud física, emocional y mental. Cualquier acumulación tóxica de energías de baja vibración almacenada en el cuerpo de un empático puede drenar rápidamente su energía personal.

Si no quiere quedar atrapado en el interminable círculo vicioso de la dependencia y la adicción, es importante que se comprenda a sí mismo y a su don de la empatía. La forma más sencilla de mejorar su productividad general y hacer frente a todos los sentimientos, sensaciones y energías que experimenta es descansar lo suficiente. Tómese un descanso de su rutina, desconecte del mundo y concéntrese en sí mismo.

Todo el mundo es bastante duro consigo mismo, especialmente los empáticos. Ningún ser humano es perfecto. La gente tiene defectos y cargas emocionales con las que lidiar, y los empáticos no son diferentes. Para gestionar la vida de un empático, es importante aceptarse a sí mismo tal y como es. No permita ninguna acumulación emocional y escuche las señales de su cuerpo. Suelte cualquier resistencia y no se aferre a emociones o sentimientos que le hagan daño. Tanto si se trata de un acontecimiento traumático como de una experiencia desagradable o de un cambio importante en su estilo de vida, déjelo ir independientemente de la situación o de las circunstancias—y no cargue con esas emociones desagradables. Dedique también algún tiempo a comprender sus emociones y a separarlas de las que recoge de los demás. Empiece a gestionar su energía, su tiempo y sus emociones. Aprenda a establecer ciertos límites personales y póngalos en práctica.

Complacer a la gente

A los empáticos les encanta complacer a los demás. Como experimentan y sienten lo que otros sienten, intentan que todos estén cómodos y sean felices. En un intento de hacerlo, acaban ignorándose a sí mismos. Como empático, tiene que dejar de intentar complacer a todo el mundo. La simple verdad de la vida es que no se puede complacer a todo el mundo, y la única persona a la que puede complacer es a usted mismo. Cuando trata de hacer feliz a la gente, acaba decepcionándose a sí mismo. Deje de buscar la aprobación, la validación o la felicidad externas. Su verdadera fuente de felicidad proviene de su interior.

Complacer a la gente puede aumentar el estrés mental e incluso dañar su autoestima y su confianza en sí mismo. No piense que complacer a la gente es lo mismo que ser generoso. Su empatía le permite ser generoso y útil para los demás. La generosidad se deriva de una sana autoestima y de un sentimiento de auténtica felicidad que se obtiene en un entorno compartido. Por otro lado, el hecho de querer complacer a la gente suele provenir de un lugar que requiere la aprobación de otra persona. Cuando se intenta complacer a los demás, uno se somete a sus necesidades y deseos. En ese proceso, usted no tendrá tiempo, energía o recursos para concentrarse en su vida en general. Si la opinión de los demás es más importante que la suya, no podrá llegar a ninguna parte en la vida.

Por lo tanto, lo ideal es concentrarse en uno mismo antes que en los demás. Como empático, es posible que se sienta un poco culpable al dar prioridad a usted mismo. Esto es un signo de autoestima y confianza en usted mismo. Esto demuestra que tiene una personalidad sana y que no duda en poner en práctica estos aspectos. Además, reduce las posibilidades de que los demás le den por sentado. También le da un mayor control y comprensión de sí mismo y de la vida en general. Aprenda a decir "no" y a defenderse. Si no lo hace usted, nadie podrá hacerlo por usted. Ser asertivo y establecer límites significa protegerse. Esto no es egoísta, sino que es una gran manera de reducir las expectativas, los juicios y las responsabilidades innecesarias de los demás. Por fin le da la oportunidad de aceptar la verdad de que no tiene control sobre la vida o las emociones de los demás. No es responsable de cómo se sienten, y ciertamente no es responsable de sus acciones. Practique la sencilla habilidad de decir no.

Esponjas emocionales

Una verdad innegable sobre los empáticos es que son esponjas emocionales. Los empáticos son individuos de corazón abierto que confían en su interlocutor y no tienen miedo de llevar su corazón en la manga. La apertura de corazón de un empático nunca puede ser apartada de ellos. La conversación con un empático puede ayudar a abrirse incluso a la persona más inverosímil. Sin embargo, estas experiencias pueden ser bastante angustiosas y agotadoras para un empático sin límites. Dado que los empáticos luchan por mantener y aplicar sus límites personales, a menudo se convierten en esponjas emocionales que absorben constantemente todo lo que hay en su entorno. Pueden ser las emociones, los sentimientos o incluso los síntomas físicos de dolor que absorben de los demás. Cuando esto no se controla, aumenta la carga emocional que siente un empático. Los empáticos tienen ciertamente un inmenso poder interior, pero el lado oscuro de esta capacidad es que a menudo se olvidan de sí mismos.

¿Qué ocurre cuando se coloca una esponja en un cuenco de agua? Después de unos segundos, la esponja absorbe toda el agua. La esponja se vuelve pesada y densa por ello. Esto es precisamente lo que le ocurre a la energía de un empático cuando recoge constantemente las energías de los demás. Por desgracia, la mayor parte de la agitación emocional que experimentan los empáticos no es el resultado de sus emociones; es la agitación combinada de las emociones colectivas que les rodean. Si no se controla, este tipo de carga emocional puede convertirse rápidamente en un problema de salud mental. Desde la ansiedad hasta la depresión, los empáticos son susceptibles de desarrollar trastornos mentales. Conectarse a tierra y protegerse es una buena manera de proteger su energía personal mientras ayuda a los demás. Otra técnica es establecer límites en todos los aspectos de su vida. En los capítulos siguientes aprenderá más sobre el blindaje y cómo potenciar su empatía.

Vampiros energéticos

Los vampiros energéticos y otras personalidades tóxicas, como los narcisistas, se sienten atraídos por los empáticos. Del mismo modo, los empáticos se sienten atraídos por ellos como polillas a una llama. Los vampiros energéticos y los narcisistas suelen carecer de empatía. Los vampiros energéticos saben que los empáticos son una fuente de energía elevada y de recursos que necesitan para sobrevivir. Un empático puede entender la perspectiva de otra persona y es bueno para ofrecer compasión y empatía siempre que se requiera. Los empáticos no dudan en dar a las personas el beneficio de la duda y les dan varias oportunidades para demostrar su valía. Todo el trabajo emocional que ofrece un empático parece bastante atractivo para los narcisistas y otros vampiros emocionales.

Los vampiros energéticos y los individuos tóxicos necesitan urgentemente una curación. Esta curación no puede venir de una fuente externa, y necesita ser un proceso interno basado en la autorreflexión y el crecimiento. Sin embargo, estos individuos no suelen estar dispuestos a hacerlo y creen que la energía de un empático les ayudará a alcanzar el nivel de curación que necesitan sin ningún esfuerzo. Un narcisista y cualquier otro vampiro energético abusan de la compasión de un empático. Pueden salirse con la suya con cualquier comportamiento tóxico sin tener que rendir cuentas.

La voluntad de un empático de adaptarse a la situación es explotada y mal utilizada. Al final, los empáticos tienden a quedarse atrapados en relaciones tóxicas o francamente abusivas con un vampiro energético. Como los empáticos son naturalmente dadores, mientras que los individuos tóxicos siempre toman, la ecuación siempre está desequilibrada. En tales relaciones, el empático sigue dando y no recibe nada a cambio. El apetito de un vampiro emocional se sacia perfectamente cuando devora la energía de un empático.

Como empático, es necesario que se dé cuenta de que no es responsable del comportamiento de los demás. Se puede ser compasivo con los demás, pero hay que entender que no todos lo merecen. Empiece a cuidar de sí mismo y permita que los demás cuiden de usted. En una relación sana y feliz, siempre hay reciprocidad.

Pérdida de la identidad

Perder la identidad o la comprensión de uno mismo es bastante doloroso y demoledor. Si no puede identificarse o entenderse a sí mismo, ¿cómo puede entender la vida o a los demás a su alrededor? Como los empáticos dedican todo su tiempo y energía a atender las necesidades de los demás, les queda poco o ningún tiempo para sí mismos. Cuando las emociones y los sentimientos de los demás les bombardean constantemente, no tienen tiempo para procesar sus emociones y sentimientos. Después de un tiempo, un empático puede llegar a un punto en el que no puede distinguir sus emociones de las de los demás. De hecho, lo más probable es que empiecen a cuestionar sus sentimientos. Se hace difícil entender dónde acaban ellos y dónde empiezan los demás. Si todo esto le resulta familiar, puede ser un signo de una crisis de identidad. La forma más sencilla de entenderse a sí mismo es dedicar más tiempo a la autorreflexión. Concéntrese en curarse a sí mismo antes de ayudar a los demás.

Capítulo 8: Los empáticos y las relaciones

Como empático, tiene un agudo sentido de la conciencia y una extrema sensibilidad a las emociones y sentimientos de los demás. Esto es un don brillante en cualquier relación. Después de todo, imagine todos los malentendidos que podrían evitarse si pudiera ver las cosas desde la perspectiva de otra persona. La empatía tiene varios beneficios, pero también conlleva desafíos. En esta sección, aprenderá cuáles son los tipos de personalidad más adecuados para un empático, los secretos para amar a un empático y consejos para mantener relaciones saludables y felices con los empáticos.

Como se mencionó en el capítulo anterior, los empáticos son como imanes para las personas tóxicas y los vampiros energéticos. Por lo tanto, no debe ser presa de las manipulaciones de los vampiros energéticos. Esto no significa que no debe estar nunca en guardia. Por el contrario, significa que debe prestar atención a su intuición cuando se trata de una pareja romántica. Si su instinto le dice que algo va mal, confíe en él.

Los vampiros energéticos y las personas tóxicas pueden parecer encantadores. De hecho, si intensifican su encanto, le desarmarán fácilmente. Es hora de comprender que así es como actúan y utilizan su encanto para salirse con la suya. Una vez que el vampiro energético tiene su atención, se abrirá paso lentamente en su vida. Para un empático sensible, esto es una receta para el desastre. Por lo tanto, es importante prestar atención a las personas que deja entrar en su vida. Si su pareja le hace sentir culpable o con remordimientos por cosas que no ha hecho, es una señal de una relación tóxica.

Otra bandera roja que usted no debe ignorar es la falta de reciprocidad. Si usted da, su pareja debe corresponder. Si parece que su pareja le ha dado por sentado, lo más probable es que lo haya hecho. Si su pareja no puede respetar sus límites, también es un signo de una relación tóxica. Si cree que está en una relación con una persona que tiene poca o ninguna consideración por sus sentimientos y toda la relación gira en torno a ella, libérese de ella. Cuanto antes deje atrás las relaciones tóxicas, le resultará más fácil seguir avanzando. ¿Se acuerda de la regla sobre el desorden mencionada en el capítulo anterior? Pues bien, es hora de utilizar esa regla y empezar a ordenar su vida personal y sus relaciones. Si una relación no añade ningún valor a su vida y drena su energía, no la necesita.

La verdad sobre los empáticos y las relaciones

Un empático experimenta la vida como nadie más puede empezar a imaginar. Ya sea felicidad, tristeza o cualquier otra emoción, todo se magnifica para un empático. Es de naturaleza humana tratar de cambiar las cosas que no son atractivas. Sin embargo, esto no puede suceder con un empático en una relación. Nadie puede cambiar la forma en que un empático ve la vida. Los empáticos son raros y hay que cuidarlos. Como empático, si intenta cambiarse a sí mismo para complacer a los demás, aumentará su insatisfacción en la relación y le agotará rápidamente. Los empáticos necesitan ser comprendidos tal y como son. Si no desea alejarse de sí mismo, no intente cambiar. Es muy poco probable que usted no experimente emociones o sentimientos en profundidad. Sin embargo, puede hablar de estas cosas con su pareja. No se cierre, aprenda a ser abierto y honesto con su pareja.

Un empático necesita tiempo a solas. Probablemente se dé cuenta de la importancia y los beneficios de hacerlo. No puede pasar todo su tiempo con otro individuo, aunque sea su alma gemela. Necesita tiempo para sí mismo para poder recuperarse. Esto no es algo que todo el mundo sea capaz de entender, especialmente en una relación romántica. A menudo provoca varios malentendidos en los que la pareja de un empático puede sentirse excluida, descontenta o incluso molesta. Por lo tanto, es importante encontrar a alguien que no solo entienda, sino que también respete sus necesidades. Necesitar tiempo para uno mismo no es egoísta, y es bueno para la salud y la relación. Si necesita desaparecer durante un tiempo, no lo haga al azar. Al contrario, informe a su pareja de por qué lo necesita y siga adelante. Se trata sobre todo de mantener una comunicación abierta y honesta si quiere que la relación sobreviva.

Los empáticos son extremadamente creativos e imaginativos. Por lo tanto, es muy poco probable que una relación con un empático sea aburrida. Sin embargo, esta creatividad e imaginación tienen su lado negativo. Por ejemplo, las ideas de un empático pueden parecer extravagantes o incluso poco ortodoxas. Puede hacer que los demás se sientan incómodos y dudosos. Esto, a su vez, puede causar problemas en la relación. Una vez que un empático se propone algo, lo hará. Si tiene problemas con su imaginación y creatividad como empático en una relación, lo primero que debe hacer es hablar con su pareja sobre ello. Siempre que tengan una conversación al respecto, preste atención con el corazón y la mente abiertos. Si su pareja le está diciendo algo, viene de un lugar de amor y comprensión. Además, le da otra perspectiva para pensar en la situación. Utilice su empatía para comprender mejor la situación y tomar una decisión fundamentada.

Como los empáticos son detectores de mentiras humanos, nadie puede ocultarles la verdad. Necesitan un compañero que sea siempre abierto y honesto. Incluso una mentira piadosa puede convertirse en

un gran problema para un empático. Pueden ver a través de las intenciones, motivaciones e inclinaciones de los demás. Este sentido de la intuición con el que está bendecido un empático es extremadamente útil en la vida. Sin embargo, puede hacer que su pareja se sienta controlada en una relación. Si no cesa de hablarle de las cosas que pueden salir mal—sí, es probable que tenga razón— puede preocupar a su pareja o incluso asustarla. Además, imagine cómo se sentiría usted si alguien le dijera lo que debe hacer todo el tiempo. En un intento de ayudar a los demás, los empáticos pueden parecer controladores y dominantes.

Para tener una relación sana y feliz, busque un equilibrio entre sus puntos fuertes y débiles como empático. Hable con su pareja de todas las cosas y no la deje de lado. Ambas partes deben hacer ciertos ajustes. Sin embargo, si está dispuesto a asumir este compromiso, merecerá la pena.

Consejos para cultivar relaciones saludables cuando se es empático

Como empático, probablemente esté acostumbrado a vivir con una variedad de emociones intensas. En estos casos, ¿cómo es posible tener tiempo para otra persona si le cuesta encontrar tiempo para sí mismo? Esta es una pregunta común que todos los empáticos necesitan responder cuando se trata de relaciones. En esta sección examinaremos algunos consejos sencillos y prácticos que puede utilizar para cultivar relaciones sanas y positivas.

Lo primero que debe hacer es comprender que existe una diferencia entre la empatía cognitiva y la emocional. La empatía cognitiva y la emocional son los dos tipos básicos de empatía. La empatía cognitiva es la capacidad de entender las emociones de otra persona sin creer que son las suyas. La empatía emocional es cuando experimentas las mismas emociones que siente la otra persona como si fueran suyas. En una relación sana, hay lugar para la empatía emocional y cognitiva. Sin embargo, aprender a entender y distinguir entre estas dos cosas es esencial. Comprender esta diferencia le salvará de un mundo de dolor y confusión interna. Por ejemplo, si de repente se siente decaído o extremadamente infeliz sin razón aparente, es el momento de preguntarse ¿si siente sus emociones o las está absorbiendo de su pareja?

La vida puede ser agotadora y abrumadora, y aún más para los empáticos. Vivir como una persona altamente sensible en este mundo es agotador. Como es extremadamente receptivo y perceptivo de todo lo que sucede dentro y alrededor de usted, resulta emocionalmente agotador. Lo mismo ocurre con su relación. Aunque ame a su pareja incondicionalmente, es importante que se tome un tiempo para sí mismo. Le ayudará a reagrupar sus pensamientos y a poner las cosas en perspectiva. Hay diferentes maneras de recuperarse después de un día agotador. Si necesita tiempo para sí mismo, hable con su pareja de ello. Si su pareja entiende su necesidad de tiempo a solas, es un signo de una relación sana, pero si no lo hace, pronto puede convertirse en una relación tóxica.

Cuando dos personas empiezan a vivir juntas, habrá diferencia de opiniones. Los empáticos saben escuchar, y es un rasgo que ayudará a su relación. Dicho esto, debe entender que no se trata más que de escuchar. Escuche atentamente lo que dice su pareja, pero no tiene que aceptarlo como la verdad si no le cree. Recuerde que no tiene por qué hacer todo lo que su pareja dice o sentirse como ellos si no le parece bien. Mantenga sus valores y, si algo va en contra de ellos, póngase firme. Esto ayuda a establecer límites saludables sin que su pareja se sienta excluida. Admita que tendrá puntos de vista diferentes, pero aprenda a escuchar con paciencia.

Pasar tiempo juntos es tan importante como pasar tiempo separados. No es necesario que lo hagan todo juntos y, desde luego, no tienen que pasar juntos cada minuto que estén despiertos. Aprenda a hacer cosas por su cuenta y anime a su pareja a hacer lo mismo. Dele tiempo, espacio y oportunidad para hacerlo. Crezcan como individuos y trabajen para crecer juntos como pareja. Esto es importante para cualquier relación y es increíblemente importante para un empático. Si pasan todo el tiempo juntos, captará las vibraciones energéticas y las emociones de su pareja. Esto no es saludable y se convertirá en algo emocionalmente agotador. Como empático, sus necesidades pueden ser únicas. No se agobien el uno al otro y tomen el tiempo y el espacio necesarios para ustedes.

La diferencia de opiniones entre dos individuos es habitual. Cuando esto ocurre, es normal que surjan críticas. Cualquier crítica que reciba puede ser tratada de forma constructiva. Dicho esto, deje que su intuición le guíe cuando su pareja le pida que cambie. Si tiene una relación feliz y sana, su pareja entenderá su empatía. Le ayudará y apoyará siempre que lo necesite. En cambio, si le critica constantemente, ignora sus esfuerzos o le da por sentado, estas son algunas de las señales de alarma que nunca debe pasar por alto. Confíe en su instinto cuando se trate de relaciones románticas. Si escucha señales de alarma en su cabeza, preste más atención a ellas.

Los mejores tipos de personalidad para un empático

Los empáticos son personas muy sensibles y necesitan a alguien que pueda entender y respetar su sensibilidad. Una relación feliz y saludable es aquella que está llena de amor y aceptación incondicionales. En una relación así, cada miembro de la pareja no solo apoya al otro, sino que también hay amor y respeto mutuos. Cuando existe este amor, respeto, adoración y aceptación, aumenta la confianza en sí mismo y la felicidad de la pareja. También ayuda a fortalecer el vínculo que comparten. Sin embargo, una relación romántica rara vez es fácil para un empático. Como se ha mencionado en la sección anterior, hay varias cosas que necesita un empático, y no siempre es fácil encontrar una pareja complaciente. Un empático anhela la compañía, pero no se siente seguro siendo verdaderamente vulnerable, y aprender a navegar por la relación mientras protege sus sensibilidades es importante. El primer paso para formar una relación sana es encontrar la pareja adecuada. En función de su temperamento y sus necesidades como empático, su pareja o alma gemela ideal se clasifica en cuatro categorías diferentes.

El empático

Una relación con un empático es maravillosa. Si su pareja también es empática, las cosas son más fáciles. Estas relaciones consisten en individuos altamente sensibles que son conscientes de las emociones y perspectivas del otro. Esto reduce las posibilidades de que se produzcan malentendidos innecesarios y evita que se produzcan situaciones desagradables. Cada uno sintoniza con las emociones del otro y tiende a sentirlo todo de forma extrema. Hay una desventaja obvia en una relación con un empático—las emociones se disparan. Ambos pueden verse abrumados por los sentimientos del otro.

La convivencia de dos personas excesivamente sensibles se convertirá en una receta para el desastre si ninguno de los dos sabe aprovechar y proteger sus energías. Por lo tanto, antes de entablar una relación con un empático, dedique algún tiempo a comprender su empatía. No solo debe respetar su empatía, sino también la de su pareja. Si la relación está formada por dos empáticos que se ven constantemente invadidos por los problemas del mundo, aumentará la ansiedad en la relación y en casa. Por lo tanto, cada uno deberá tener un tiempo y un espacio a solas para recuperarse. La gran noticia es que no tiene que explicar todas estas cosas a la otra persona, porque lo entenderá inmediatamente. Puede ser un reto para dos empáticos enamorarse y mantener una relación mutuamente feliz y satisfactoria. Pero esto es posible si hay respeto mutuo, una comunicación fluida, así como mucho amor y aceptación incondicional.

El pensador

La personalidad intelectual o pensadora intensa es una buena combinación para los empáticos. Los que pertenecen a este tipo de personalidad son bastante brillantes, pueden articular óptimamente sus pensamientos y se sienten cómodos con ellos. Estos individuos

ven el mundo a través de la lógica y el pensamiento racionales. Los empáticos se ven rápidamente abrumados por las emociones y los pensamientos, mientras que los pensadores no. Se mantienen racionales incluso en situaciones intensas y son conocidos por mantener la calma. Su presencia tranquila aporta una sensación de equilibrio a la vida del empático. También tienen mucho que aprender de sus homólogos empáticos. Un empático puede enseñarles a confiar en su instinto, a abrazar sus sentimientos y a ser más desenfadados y sensuales. El pensador y el empático compensan los defectos del otro en sus relaciones, haciendo que la relación sea fructífera y satisfactoria.

El entusiasta

Algunos individuos son muy conscientes de sus emociones y están en contacto con ellas. Solo experimentan esas emociones con fuerza, pero también les encanta compartirlas con los demás. Como su nombre indica, los que pertenecen a este tipo de personalidad suelen soltar amor y alabanzas a borbotones. Son expertos en procesar rápidamente cualquier sentimiento negativo y pueden alejarse fácilmente de las experiencias desagradables y reemplazarlas por otras positivas.

Es posible que compartan demasiado constantemente y que no sepan dónde poner el límite en una relación respecto a los aspectos negativos. Esto puede resultar pronto agotador para un empático, ya que la intensa y constante necesidad de compartir todas sus emociones crea una sobrecarga emocional. Para que el empático y el entusiasta tengan éxito como pareja, es necesario que haya un equilibrio entre el intercambio de emociones. Como empático en una relación, es necesario establecer ciertos límites y ponerlos en práctica sin comprometerse. Estos límites evitarán cualquier sobrecarga emocional y también mostrarán al entusiasta dónde trazar la línea.

La Roca

La roca es un tipo de personalidad fuerte y silenciosa. Es una persona estable, fiable y coherente. Estas son tres características que un empático siempre busca en una relación. Estos individuos no juzgarán ni se enfadarán si comparte sus emociones. En cierto modo, crean el entorno perfecto en una relación para que un empático sea su verdadero yo. En un mundo en el que los empáticos ayudan a los demás y siempre cuentan con ellos, los individuos con este tipo de personalidad se convierten en el pilar de fuerza y apoyo de un empático. Al fin y al cabo, todo el mundo necesita personas en las que pueda confiar en momentos de necesidad.

Los empáticos y las rocas son muy buenas parejas. La relación estará bien equilibrada, ya que cada miembro de la pareja promueve y apoya el crecimiento y el desarrollo del otro. El único inconveniente de una relación con este tipo de personalidad es que pueden no estar acostumbrados a expresar libremente sus emociones. Sin embargo, pueden aprender a hacer esto de sus compañeros empáticos. A su vez, un empático puede aprender a mantenerse centrado y con los pies en la tierra gracias a su pareja de roca. Como se ha dicho, cada uno tiene algo que aprender del otro.

Capítulo 9: Las mejores carreras para los empáticos

Los empáticos prosperan en un entorno poco estresante. Por lo tanto, puede ser un reto encontrar una forma de empleo ideal para un empático. Tradicionalmente, tienden a sobresalir en pequeñas empresas, trabajos en solitario y otros ámbitos poco estresantes. Trabajar a tiempo completo o parcial desde casa es una situación ideal en la que el esfuerzo se aleja del frenesí de la política de la oficina, de los compañeros de trabajo tóxicos y de la interacción constante con los demás. Un trabajo en el que pueda planificar su horario y sus descansos de acuerdo con sus necesidades y exigencias es ideal. La inclinación natural de un empático hacia la curación y la ayuda a los demás abre una variedad de opciones profesionales. Durante los capítulos anteriores, se le presentaron los diferentes puntos fuertes de un empático. Crear una carrera utilizando uno de sus puntos fuertes es una gran manera de aprovechar su empatía y crear un medio de vida. Esta sección examina las opciones profesionales que le permiten utilizar su don para ayudar a los demás.

Psicólogo

Los empáticos son brillantes psicólogos porque tienen una gran conciencia de la naturaleza humana y de las emociones. Son capaces de entender lo que sienten los demás y pueden percibir las razones de esos sentimientos. La salud mental es tan importante como la salud física. Un problema de salud mental es tan debilitante como una enfermedad física. Hoy en día, hay una creciente demanda de especialistas en salud mental, y un empático es muy adecuado para este papel. Su comprensión inherente del sufrimiento emocional, unida a la capacidad de ayudar a los demás, funciona estupendamente en este campo. También saben escuchar y ofrecer consejos útiles.

Enfermero

Los empáticos son sanadores y cuidadores naturales. Se sienten automáticamente atraídos por cualquier persona que sufra. De hecho, los empáticos a menudo se desviven por aliviar el sufrimiento de los demás. Debido a este deseo natural de ayudar a otros que no están bien o están enfermos, convertirse en enfermero es una buena opción profesional. Un enfermero es un sanador, por lo que puede canalizar su empatía para reducir la angustia de un paciente. Trabajar en residencias de ancianos, hospitales o incluso en casas particulares le permite utilizar su empatía para reconfortar y calmar a los demás.

Veterinario

Los empáticos tienen afinidad con los animales. Sienten una profunda simpatía por la naturaleza y todas sus criaturas, que no se limita a los seres humanos. Puede parecer sorprendente, pero los empáticos son bastante buenos para entender lo que sienten los animales. Puede que hayas oído el término "susurrador de caballos" o "susurrador de animales". Pues bien, esa profunda conexión con la naturaleza permite a un empático comprender el dolor y el sufrimiento de otros seres que no pueden comunicarse como las personas. Esto hace que los empáticos sientan en profundidad por ellos. Los empáticos son excelentes veterinarios por su deseo natural de curar y consolar a las mascotas enfermas.

Escritor

Los empáticos son extremadamente creativos. Si tiene una pasión o un don para la escritura, considere la posibilidad de convertirla en una oportunidad de empleo a tiempo completo. Escribir es una salida creativa para canalizar sus sentimientos. Por lo general, los empáticos experimentan una variedad de emociones ajenas a ellos, y estas emociones pueden desencadenar sus emociones creativas y ayudarle a escribir. Puede convertirse en un autor, un escritor independiente o incluso un bloguero. Deje que su narrador interior salga a la luz y piérdase en el viaje. Escribir puede ser un gran escape del mundo y es una forma excelente de que un empático pase tiempo a solas.

Músico

Al igual que los escritores, los músicos son seres extremadamente emocionales. Si tiene un don para la música y es empático, considere la posibilidad de convertirlo en una oportunidad profesional. Desde escribir canciones o poesía hasta cantar e incluso tocar un instrumento, hay diferentes cosas que puede considerar. La música más hermosa la componen los que entienden el dolor. Dado que el corazón de un empático se inclina naturalmente hacia los demás, su comprensión del dolor y el sufrimiento es más elevada que la de otros. En cierto modo, está utilizando su fuerza como empático para labrarse una carrera.

Artista

Los empáticos son excelentes artistas debido a su ilimitada creatividad. La escritura puede utilizarse como medio para que un empático se exprese, y el arte hace lo mismo. La energía y la imaginación de un empático pueden canalizarse a través del arte utilizando múltiples medios. Puede ser un canal de vídeo en YouTube que muestre su creatividad, trabajar como autónomo o incluso vender sus obras de arte a través de portales online y offline. El alma de un empático está en sintonía con el constante flujo y reflujo de las corrientes emocionales humanas, y crear arte se convierte en algo significativo para ellos.

Profesor

La enseñanza es una de las profesiones más nobles que conoce la humanidad. La función principal de un profesor es guiar a sus alumnos hacia el éxito. Los profesores inspiran y empujan a sus discípulos a sobresalir en la vida y a trabajar por sus objetivos. Dado que los empáticos se dedican a elevar el espíritu humano y el progreso colectivo, la enseñanza se convierte en una buena opción. Su corazón cariñoso, unido a unas manos que ayudan, les convierte en candidatos ideales para esta profesión. El apoyo y la motivación adecuados pueden hacer maravillas en la vida de una persona. Un profesor es capaz de ofrecer estas cosas a sus alumnos, especialmente para aquellos que no las reciben en casa.

Coach de vida

Los empáticos prosperan cuando la gente feliz les rodea. No sienten celos del éxito de los demás, y, de hecho, se alegran de este sentimiento. También les gusta ayudar a los demás. Como son excelentes oyentes y solucionadores de problemas, convertirse en un coach de vida es una gran opción. Ayudar a los demás a convertirse en la mejor versión de sí mismos le ayudará a poner en práctica su empatía. Como siempre tiene en mente los mejores intereses de los demás, ser coach le resultará natural. Si ha notado que la mayoría de sus seres queridos o conocidos dependen de usted en los momentos en que necesitan consejos, todo se debe a su empatía y comprensión.

Consejero de orientación

Al igual que los profesores, los consejeros de orientación tienen el poder de moldear la vida de un joven adulto. Los orientadores actúan como mentores. Dado que los empáticos son grandes oyentes y solucionadores de problemas, a menudo dan consejos brillantes. Este es precisamente el tipo de consejo que un joven necesita durante los años de formación de su vida. Además, se trata de una experiencia realmente gratificante y satisfactoria para el empático. Como consejero, ayudará a los alumnos en sus esfuerzos, asegurándose de que se mantienen en el camino correcto y persiguen sus objetivos.

Deberá ofrecerles ánimos y motivación para que exploren las oportunidades que se les presenten. Todas estas cosas son naturales para un empático, y es una gran manera de canalizar sus superpoderes. Como los empáticos son buenos para entender lo que necesitan los demás–aunque ellos mismos no lo entiendan–trabajar como orientador será una experiencia satisfactoria.

Servicios sociales

A los empáticos les gusta ayudar a los demás y a menudo se desviven por hacerlo. Dado que el mundo necesita desesperadamente empatía y compasión, el trabajo social es una vía que no se debe pasar por alto. Es personalmente gratificante, satisfactorio y edificante. Estas son tres cosas que un empático siempre busca en la vida. Tanto si se decide a ser trabajador social como a trabajar en una organización sin fines de lucro, hay diferentes cosas que puede hacer que le ayudarán a contribuir a la sociedad.

Los empáticos marcan una maravillosa diferencia en cada vida que tocan, y el trabajo social es una opción natural para ellos en el mundo. Sin embargo, cuando se trata de trabajo social, hay que ser cauteloso. Los empáticos prosperan con la felicidad y, por lo general, se sienten mejor consigo mismos si los demás son felices. Si la historia no termina bien o las cosas no resultan para bien, puede pasar factura al bienestar de un empático. Cuando se trabaja con algunos de los miembros más afectados de la sociedad o con elementos negativos, hay que cuidar los niveles de energía. Si se toma las cosas demasiado a pecho y deja que le consuman, su trabajo le abrumará rápidamente. En los capítulos siguientes podrá aprender más sobre cómo proteger y mejorar su energía como empático.

Personal de cuidados paliativos

Al igual que las enfermeras y cualquier otra persona involucrada en la profesión médica, convertirse en un trabajador de cuidados paliativos es otro papel a considerar. Ofrecer confort y consuelo a los pacientes moribundos y a sus familiares hará un buen uso de su empatía. Enfrentarse a una enfermedad que pone en peligro la vida no suele ser fácil. Se necesita motivación y valor para trabajar con estas personas. El trabajo en hospicios implica elementos de espiritualidad y trabajo social. Este trabajo es bastante atractivo para un empático porque no es rígido y no limita sus capacidades. También tiene la oportunidad de influir en la mentalidad y el estado de ánimo de los que le rodean. Esto le ayudará a canalizar su empatía para superar el dolor.

Ser autónomo

Cualquier forma de autonomía es una buena idea para un empático. Si trabaja por cuenta propia, significa que no tiene que depender de otros para ganarse la vida. Es su propio jefe y puede establecer su horario de trabajo de acuerdo con sus necesidades y requisitos. Esto le da un control y una autonomía totales sobre las operaciones de su negocio. También reduce las interacciones con los demás, que son habituales en un entorno empresarial típico. La autonomía le da la oportunidad de explorar su lado creativo y convertir una de sus pasiones en una forma de empleo remunerado. El mundo dominado por la tecnología en el que vivimos ha abierto nuevas puertas a las oportunidades de autonomía. Desde las tiendas de productos de envío directo hasta los negocios en línea, hay varias vías que puede explorar. La mayoría de estos negocios pueden llevarse a cabo desde la comodidad de su propia casa. ¿Qué más puede pedir un empático?

Ahora que ya conoce las diferentes oportunidades de trabajo disponibles que le ayudarán a aprovechar su energía, algunos trabajos no son ideales para los empáticos. Para potenciar sus capacidades empáticas, lo mejor es evitar los trabajos que drenan su energía. Por ejemplo, cualquier trabajo en el que se trate constantemente con otras personas o con el público, en general, puede ser extremadamente estresante. Algunos trabajos obvios que no son adecuados para un empático son las operaciones de venta en las que se tratan con clientes o se ofrece soporte técnico, la publicidad, la venta de productos o el marketing. Incluso ser cajero puede resultar abrumador. Si está constantemente en contacto con otros, absorbe su energía, sus sentimientos y sus síntomas físicos. Otras opciones profesionales que no son ideales para un empático son las relacionadas con la política, las relaciones públicas, la gestión de recursos humanos y los ejecutivos responsables de la gestión de grandes equipos. Convertirse en abogado litigante también será emocionalmente agotador. Sin embargo, ciertas ramas del derecho funcionarán bien para un empático, ya que requieren la madurez emocional necesaria para tratar asuntos difíciles, como la violencia doméstica o los abusos. Cualquier carrera que no estimule su creatividad o imaginación y que requiera una naturaleza extrovertida no es aconsejable. Por lo general, las empresas convencionales tampoco son la mejor opción.

Si no puede cambiar de trabajo o si este no es ideal, puede tomar medidas para hacerlo más cómodo. Utilice las diferentes técnicas de blindaje que encontrará en los siguientes capítulos para proteger su empatía y su energía personal.

Capítulo 10: Cómo liberar su poder como empático

Como empático, es su responsabilidad aprovechar y liberar su poder interior de empatía. Es un superpoder, y debe perfeccionarlo. Sin embargo, la mayoría de los empáticos suelen concentrarse en los demás y se olvidan de sí mismos en este proceso. Cuanto más haga esto, más brillo perderá su empatía. Por lo tanto, lo primero que debe hacer es trabajar en usted mismo y mejorar sus habilidades empáticas. En esta sección examinaremos algunos consejos sencillos que puede seguir para lograr este objetivo.

Reconocer y aceptar

Si desea liberar o desbloquear su verdadero potencial como empático, el primer paso es reconocer y apreciar su don. La mayoría de los empáticos viven sin ser conscientes de que lo son. Algunos luchan por aceptar su empatía. Si usted huye de su empatía o cree que es una carga, no se beneficiará de ella. Por el contrario, no hará más que desequilibrar su vida y dificultar las cosas. La comprensión es su verdadera vocación como empático. Reconozca que está programado para ayudar a los demás y acepte su empatía con los brazos abiertos.

Una vez que acepte su empatía, será más fácil perfeccionar este don. Este es el primer paso para permitir que su empatía interior brille. En los capítulos anteriores, se le presentaron los diversos rasgos de un empático. Si observa esos rasgos en usted mismo o experimenta alguna de las situaciones comentadas anteriormente, usted es un empático. No permita que los demás le etiqueten como "hipersensible" o "susceptible". No, esto es solo un signo de su empatía. La sensibilidad es algo que los demás no tienen. Usted es único y especial tal y como es. No se esconda ni huya de su don. En su lugar, acepte la verdad de que es usted un empático.

Nada de autocompasión

Los empáticos son extremadamente maravillosos, pero carecen de conciencia de sí mismos y tienen bajos niveles de autoestima. Deje de revolcarse en la autocompasión y tome medidas para mejorar su confianza en sí mismo y su autoestima. Si no se controla, la necesidad de un empático de ser amado puede crear una mentalidad de víctima. Su empatía no es una debilidad; es su fuerza. Es la clave para desbloquear su verdadero propósito en la vida. La mayoría de los empáticos suelen sentirse abrumados por su empatía, y esto crea una serie de desequilibrios mentales, físicos y espirituales. Estos desequilibrios facilitan que el empático desarrolle una mentalidad de víctima. Deje de victimizarse y, en su lugar, concéntrese en los aspectos positivos de su vida. Considere todos los casos en los que su empatía le ha ayudado. Ya sea su sentido de la intuición o su imaginación, puede haberle ayudado en algún momento. Una vez que se concentre en las cosas buenas que la empatía aporta a su vida, su autoestima aumentará.

Confíe en su instinto

Los empáticos tienen un fuerte sentido de la intuición debido a su naturaleza altamente sensible. Pueden comprender lo que sienten o experimentan los demás, sin la necesidad de señales verbales. Pueden ver más allá y conocer sus verdaderas intenciones. Cualquier imagen psíquica que perciba, cualquier señal que reciba de ellos, sus vibraciones energéticas o la vocecita en su cabeza, escúchela. Esta es su empatía funcionando. Si su instinto le dice que algo no va bien, hágale caso. Lo más probable es que su instinto tenga razón. ¿Ha habido casos en su vida en los que ha tomado una decisión, incluso cuando toda la lógica lo desafiaba? ¿Le ha dicho una vocecita lo que tenía que hacer? ¿Cuáles fueron los resultados en esos casos? ¿Fueron los resultados positivos y útiles? Si piensa en estos ejemplos, comprenderá que fue su intuición la que le guio. Si su instinto le dice que algo va mal, sin duda algo va mal. Trabaje en mejorar su intuición y confíe en su instinto. Cuanto más se confíe en el instinto, más se afinará su intuición. También le ayudará a alejarse de las personas tóxicas y a crear relaciones sanas y positivas.

Establecer límites

Este libro menciona repetidamente que los empáticos necesitan establecer límites personales. A estas alturas, probablemente usted ya es consciente de que cada persona tiene un efecto diferente sobre usted. Algunos individuos le hacen sentir instantáneamente feliz mientras que otros le drenan toda la energía. Empiece a prestar atención a cómo se siente en determinadas situaciones y con la gente. Si algo se siente mal, definitivamente hay algo que no está bien en la situación.

Utilice su intuición para establecer límites y fronteras personales. El establecimiento de límites es un signo de autoestima y respeto por uno mismo. Le permite saber hasta dónde puede llegar y cuándo debe parar. También enseña a los demás lo que es y no es aceptable para usted. No se conforme con poner los límites, asegúrese también de que hay consecuencias si se violan. Si se siente incómodo en una situación, es señal de que uno de sus límites está siendo vulnerado. Con la práctica y un esfuerzo consciente, terminará por entender cuándo debe alejarse definitivamente y restablecer su empatía. También le ayudará a decir "no" en las situaciones adecuadas y a reducir el estrés. A su vez, le proporcionará más tiempo para concentrarse en las actividades que le gustan y disfruta.

Sin energía negativa

Como empático, es usted una esponja emocional. No discrimina la energía que absorbe de los demás. Puede ser una energía positiva, negativa o cualquier cosa intermedia. Sea lo que sea, usted lo recoge y lo lleva consigo como su energía. Tiene que dejar de hacer esto si quiere crecer como empático. Recuerde: No hay mucho que pueda dar a los demás sin comprometerse a sí mismo. No es su responsabilidad ni su deber arreglar los problemas de todo el mundo. Ayude siempre que sea posible, pero eso es todo. No asuma esas energías o emociones negativas como si fueran suyas, y deje de cargar con ese lastre emocional. Todo esto aumenta la ansiedad que siente y empeorará su estado de ánimo en general. La primera responsabilidad que tiene en la vida es hacia usted mismo.

Hay diferentes técnicas que puede utilizar para deshacerse de las analogías negativas en diferentes situaciones. Por ejemplo, coloque plantas en su lugar de trabajo o en su casa para que absorban las energías negativas. Del mismo modo, puede utilizar cristales protectores como la amatista o el cuarzo para salvaguardar su campo energético personal de las energías no deseadas. Otra técnica sencilla que puede utilizar es cambiar cualquier pensamiento negativo por pensamientos positivos. Mantener siempre una actitud positiva en la vida, disipa rápidamente la negatividad. Pasar un tiempo a solas después de un día agotador también puede eliminar las anomalías negativas que pueda llevar sin saberlo. Intente buscar el humor en cada situación y empiece el día con gratitud. Agradezca todo lo bueno que tiene en la vida y no se regodee en la autocompasión. Si lo desea, puede utilizar afirmaciones positivas para mejorar su calidad de vida en diferentes aspectos.

El poder curativo de la respiración

Siempre que las cosas empiecen a ser un poco abrumadoras para usted, tómese un descanso de la situación. Si no puede alejarse, canalice todas sus energías hacia el interior. Concéntrese solo en usted y en su respiración. Al trasladar toda su atención a su respiración, usted ayuda a reducir el estrés que puede estar experimentando. También le da una mayor sensación de control sobre la situación. Es fácil sentirse abrumado, pero es difícil recuperar el control de uno mismo. La buena noticia es que siempre es posible tener ese poder y esa elección. No permita que nada ni nadie le haga sentirse indefenso. Siempre hay una opción si está dispuesto a tomarla. Aprenda a respirar de forma consciente y atenta. Cada vez que inhale, visualice que está respirando el poder curativo del universo y exhale toda la energía negativa presente en su interior y a su alrededor. Su respiración es una fuerza curativa increíblemente poderosa.

Si es posible, salga al exterior y practique este sencillo ejercicio de respiración. Cada vez que inhale, repita el mantra: "Estoy respirando positividad". Cuando exhale, repita el mantra: "Estoy expulsando la negatividad y me lleno de positividad". Haga este ejercicio durante un par de minutos y pronto se sentirá mejor consigo mismo. Respirar profundamente unas cuantas veces le calma y expulsa cualquier energía negativa. Una vez que su mente esté libre de estrés y negatividad, le resultará más fácil pensar en la situación de forma lógica y racional sin volverse demasiado negativo.

Amor propio

El propósito de su vida no es cuidar de los demás; se trata de cuidarse a sí mismo. El amor propio es esencial para todos, y aún más para los empáticos. Se merece la misma empatía que reserva para los demás. Sea compasivo con usted mismo, con sus pensamientos y con sus emociones. Elabore y siga una rutina de autocuidado adecuada y dedique tiempo a atender sus necesidades y requerimientos. No ignore ningún sentimiento no procesado y, desde luego, no lo reprima. Acéptese a sí mismo para que su vida sea positiva.

No huya de sus emociones y acepte todas sus emociones. La vulnerabilidad no es un signo de debilidad; es su fuerza. Admita que puede ser fuerte y vulnerable al mismo tiempo sin ningún tipo de problema. No se olvide de felicitarse cada vez que escuche a su intuición y salga algo bueno de ella. Retenga todos los recuerdos felices que tenga en su vida y trate de ampliarlos. No permita que la negatividad le deprima. Apréciese incondicionalmente y esté siempre para sí mismo. Después de todo, usted es el único que estará ahí cuando lo necesite.

La meditación ayuda

Todos los empáticos necesitan tiempo de inactividad para recargarse y recuperarse. ¿Qué le pasa a la batería de su teléfono inteligente si lo usa todo el día? Posiblemente no le quede ninguna carga y se apague automáticamente. Pues bien, esto es más o menos lo que les ocurre a sus niveles de energía si no los recarga. Utilizando esta analogía, la meditación es similar al cargador de su teléfono. Existe una idea errónea de que la meditación tiene que ver con la religión. No, es una herramienta para la espiritualidad. Espiritualidad y religión son dos conceptos diferentes. No es necesario ser religioso para ser espiritual.

Medite durante al menos cinco o diez minutos al día y verá un cambio positivo en su vida. Es una forma estupenda de conectar con las poderosas energías del universo, a la vez que se libera de las energías tóxicas. La meditación puede hacer que se sienta con los pies en la tierra y centrado. Libera la sobrecarga sensorial y da a su cuerpo, mente y corazón un descanso muy necesario. Mientras medita, visualice que está rodeado por una burbuja protectora que impide que la energía tóxica llegue a su espacio personal. Esta burbuja elimina la energía innecesaria que ha absorbido durante el día y la sustituye por energía positiva. Concéntrese en esta energía siempre que se sienta agotado.

Pasos para convertirse en un empático experto

Si está cansado de sentirse como un empático sobrecargado y abrumado, es hora de recuperar el control de su vida. En esta sección, aprenderá sobre las siete fases por las que debe pasar para convertirse en un empático hábil.

La mayoría de los empáticos están atascados en la primera fase, conocida como *fase de carga*. Su sensibilidad puede sentirse como una grave debilidad o una carga que le está atenazando. Su empatía puede sentirse como una deficiencia. Es probable que se esfuerce por demostrarse a sí mismo y al mundo en general que es más fuerte de lo que creen. Está cansado de sentir y experimentar las emociones de los demás. Si está en esta fase, lo primero que debe hacer es aceptar que es un empático. Si ha llegado a este capítulo, tiene una idea bastante clara de lo que significa la empatía y de cómo es la vida de un empático.

Ahora que ha aceptado su don, es el momento de cuidar de sí mismo. La segunda fase consiste precisamente en el *cuidado básico de sí mismo*. Tómese tiempo para descansar y recuperarse. Evite los ambientes tóxicos o cualquier situación que estimule sus sentidos. Acepte y haga las paces con sus altos niveles de sensibilidad, y su empatía no se sentirá como una debilidad. A estas alturas, probablemente se haya dado cuenta de las diferentes circunstancias e individuos que drenan su energía.

La tercera fase consiste en *comprender sus energías*. Puede utilizar la meditación y la visualización para limpiar su campo energético y evitar la acumulación de energías tóxicas. Para ello, tiene que ser consciente de todas sus interacciones. ¿Cómo se siente cuando se encuentra con determinadas personas o va a determinados lugares? Anote cómo se siente cuando se aleja de esas personas o lugares. Esta sencilla práctica le ayudará a comprender sus niveles de energía personal y el efecto que los demás tienen sobre usted. A estas alturas, probablemente se sienta mejor con su empatía, pero tiene la sensación de que lo que está haciendo no es suficiente.

Pues bien, esto nos lleva a la cuarta etapa, en la que debe *entrenar su empatía*. Necesita reprogramar cuidadosa y conscientemente su mente subconsciente y sus patrones de pensamiento. Esto ayuda a prevenir la absorción de sentimientos externos. Verá un cambio positivo en su actitud hacia usted y el mundo. Una vez que intente conscientemente evitar la absorción de las emociones y pensamientos de los demás, sus campos de energía se fortalecerán. Se sentirá más ligero y cualquier niebla mental que haya experimentado durante las fases anteriores se desvanecerá. Se sentirá más cómodo en su piel y aceptará el hecho de que es un empático.

La quinta fase para convertirse en un empático experto consiste en *controlar sus campos de energía*. Durante esta fase, se da cuenta de cuánto más control siente en las situaciones en las que no se hace cargo de los sentimientos de los demás. Le da tiempo y energía para procesar sus pensamientos y emociones. Esta etapa incluye mucha autorreflexión. Comienza a comprender que tiene dones que puede utilizar para ayudar a los demás. Al mismo tiempo, también se da cuenta de que no es su responsabilidad arreglar la vida de los demás. Siga los pasos necesarios para aceptar la simple verdad de que solo es responsable de sus pensamientos, acciones, sentimientos, etc. Tome el control de su vida diaria y ámela en sus términos.

Si continúa practicando las diferentes cosas que ha aprendido en las fases anteriores, llegará a una fase de mayor claridad. Al reprogramar su subconsciente para que no absorba energías o emociones no deseadas, llega a un punto en el que se siente cómodo en las multitudes. Puede que no se sienta extremadamente cómodo, pero no se sentirá abrumado como antes. Si todavía se siente abrumado cuando está entre multitudes, probablemente necesite practicar la conducción de su empatía. Compruebe constantemente su estado después de exponerse a las energías intensas de los demás.

Incluso si capta algo, en esta etapa, tiene un control total sobre sus energías para dejar ir las cosas que no quiere.

Si continúa trabajando en su empatía, finalmente alcanzará la fase final en la que se convertirá en un *empático experto*. En esta fase, incluso cuando recoge las energías o emociones de los demás, no sobrecarga ni abruma sus sentidos. Su sensibilidad está controlada y habrá días en los que incluso olvidará que es un empático. Por fin tiene el control y está en paz.

Capítulo 11: Técnicas de blindaje para empáticos

Si desea prosperar como empático, es importante protegerse de las energías negativas. Los empáticos son susceptibles a la estimulación excesiva, al agotamiento y a la sobrecarga sensorial. Por lo tanto, lo primero que debe hacer es reconocer cuándo está sobrestimulado y está experimentando cualquier forma de sobrecarga sensorial. Empiece a prestar atención a cuando absorbe energía negativa de los demás. Al blindar y proteger sus energías, esencialmente está limpiando su aura. Su empatía es como una red Wi-Fi gratuita. Cualquiera que esté dentro del alcance de la señal de su red Wi-Fi puede conectarse y utilizar sus datos. Aprender a hacer que esta red esté protegida y sea selectiva, es la forma más sencilla y segura de garantizar que su campo energético no se agote. En esta sección examinaremos las técnicas prácticas que puede utilizar para protegerse de las energías y emociones no deseadas.

Visualización de un escudo

El blindaje es la forma más rápida y eficaz de protegerse. ¿Qué es lo primero que le viene a la mente cuando piensa en la palabra blindaje? Probablemente los caballeros medievales que sostenían un escudo para proteger sus cuerpos. Pues bien, una meditación con blindaje hace lo mismo con su campo energético. Está creando una barrera a su alrededor que impide que otras energías entren en su aura. Puede utilizar esta técnica para bloquear la energía tóxica y aumentar el flujo natural de la positividad. Siempre que se sienta incómodo en una situación, lugar o cerca de una persona, levante su escudo protector. Rodéese de energía positiva.

Lo mejor de esta visualización de un escudo, es que puede hacerlo siempre que quiera, esté donde esté. Para empezar, cierre los ojos y respire profundamente unas cuantas veces. Mientras lo hace, visualice un maravilloso escudo de luz blanca brillante que rodea su cuerpo. Se extiende desde la punta de los dedos de sus pies hasta la parte superior de su cabeza, cubriendo cada centímetro de su cuerpo físico. Siga visualizando este escudo eliminando cualquier energía no deseada presente dentro y fuera de su cuerpo mientras bloquea la energía tóxica adicional. Cuando se sienta tranquilo y centrado, abra los ojos y termine la meditación. Recuerde: Este escudo protector permanecerá con usted durante todo el día o hasta que lo necesite. Invóquelo siempre que surja la necesidad.

Meditación protectora

Habrá casos en los que necesite un poco de apoyo adicional para superar el día. En esos casos, utilice la meditación del jaguar protector. Es ideal para situaciones en las que hay demasiada negatividad que le bombardea. El jaguar es un guardián paciente, feroz y protector que aleja la energía y los individuos tóxicos.

Cierre los ojos, respire profundamente un par de veces y calme su mente. Una vez que se encuentre en el estado de meditación perfecto, invoque al espíritu del jaguar para que lo proteja. Sienta cómo el jaguar entra en su campo energético. Para ello, visualice a la majestuosa criatura en el ojo de su mente patrullando graciosamente a su alrededor. Mientras, el jaguar patrulla su campo energético, lo protege, aleja la energía no deseada y mejora su energía personal. Haga su visualización del jaguar tan clara y precisa como pueda. Visualice sus ojos, sus movimientos gráciles, su cuerpo poderoso, sus músculos ondulantes y sus movimientos elegantes. Mientras el jaguar le rodea, usted está protegido y seguro. Evitará que todo lo negativo se acerque a usted. Ponga su confianza en esta criatura y agradézcale su protección. Siempre que usted lo necesite, puede invocarlo y lo protegerá. Sienta el poder de esta meditación y deje que le acompañe durante todo el día. Cuando se sienta tranquilo y seguro, abra los ojos y vuelva a su rutina habitual.

Límites energéticos

En uno de los capítulos anteriores, se le presentó el concepto de establecer límites energéticos. Ya sea en su casa o en su oficina, cree un límite energético alrededor de su espacio personal. Esto le ayudará a reducir el estrés que experimenta y evitará que la energía negativa entre en su espacio sagrado. Si se encuentra constantemente en un entorno abarrotado o emocionalmente desafiante, llene su espacio exterior con fotos familiares, cristales protectores o plantas. Estos objetos ayudan a establecer una barrera psicológica similar al efecto de los auriculares con supresión de ruido.

Defina y exprese sus necesidades

Una forma sencilla de autoprotección es reconocer y comprender sus necesidades y hacerlas valer. Ser asertivo no es lo mismo que ser egoísta. Significa esencialmente que usted sabe lo que quiere y no tiene miedo de pedirlo. Una vez que aprenda a ser asertivo en cualquier relación, le dará un control total sobre su situación y le garantizará una relación feliz y equilibrada. Si algo no le parece bien, hable con su pareja sobre ello. Aprenda a definir y expresar sus necesidades en una relación, especialmente las románticas. En lugar de dejar que sus emociones negativas le preocupen y consuman, comuníquelas. Encontrar la voz para defenderse es similar a dar rienda suelta a su superpoder o empatía. De lo contrario, los demás le darán por sentado y aumentará su ansiedad. Recuerde que usted es un empático, pero eso no significa que todos los demás a su alrededor también lo sean. A veces, lo único que tiene que hacer es preguntar o expresarse. Por lo tanto, no dude en hacerlo. Si siente que le falta algo, búsquelo en lugar de dejar que las emociones negativas le abrumen.

Evite una sobrecarga de empatía

La sobrecarga de empatía es muy posible cuando absorbe constantemente el estrés o cualquier otro síntoma que muestren los demás. Por lo tanto, es necesario desprenderse de esta negatividad. La forma más sencilla de evitar la sobrecarga de empatía es pasar tiempo al aire libre. Aunque solo sea durante quince minutos al día, pasar tiempo al aire libre es importante. Aprenda a equilibrar su necesidad de tiempo a solas con el tiempo que pasa con otras personas. La gestión del tiempo es una habilidad que resultará muy útil para todos los empáticos. Aparte de esto, aprenda a poner límites, especialmente cuando sepa que se relaciona con individuos tóxicos. Aprenda a decir "no" y no se sienta culpable por ello. Decir "no" es una frase completa, y no es necesario ofrecer explicaciones a nadie. Si algo no le parece bien, confíe en su instinto y siga adelante.

Expulse la negatividad

Si se siente triste, decaído, ansioso o experimenta algún malestar físico sin razón aparente, es probable que todo esto no sean *sus* sentimientos. Si se siente incómodo en torno a una persona o un lugar concreto, es un signo de negatividad. Escuche su intuición en tales situaciones. Aquí hay un sencillo ejercicio de respiración que puede realizar para liberarse de cualquier elemento negativo. Cierre los ojos y concéntrese solo en su respiración durante un par de minutos. Respire lenta y largamente y exhale lentamente. Al inhalar, imagine que está respirando todo lo bueno y exhalando lo malo. La respiración ayuda a expulsar la negatividad de su cuerpo.

Siempre que realice este ejercicio de respiración, puede repetir un sencillo mantra. Para obtener mejores resultados, repítalo tres veces y en un tono que diga que habla en serio. Puede decirlo en voz alta o incluso repetirlo mentalmente. El mantra es: "Regresa de nuevo al emisor, regresa de nuevo al emisor, regresa de nuevo al emisor". Reencauce su empatía interior y devuelva la energía no deseada al universo. Mientras repite este mantra, concéntrese en la región lumbar. Este lugar suele actuar como un conducto para la energía negativa. Cuando se concentra en esta región y exhala mientras repite este mantra, ayuda a su respiración a eliminar la energía tóxica que está experimentando.

Cuestione sus sentimientos

Si nota un cambio repentino en su estado de ánimo, su energía o sus sentimientos, es una señal de que está absorbiendo la energía de otra persona. Si no se sentía triste, ansioso o agotado antes de ese malestar o agitación interna, puede ser que la energía que está absorbiendo no sea la suya, sino la de los demás que le rodean. Cuando note este sutil cambio en usted, cuestione sus sentimientos. En lugar de aceptarlos como suyos, desafíelos. No hay espacio para otros aspectos de la vida si no se siente cómodo en su piel. Si la otra persona está experimentando un problema similar al que usted atraviesa y aún no lo ha resuelto, los sentimientos o síntomas que usted experimenta se magnifican aún más. No permita que esto ocurra con usted, y aprenda a identificar las emociones que siente la otra persona. Si las emociones perturbadoras que está experimentando no son suyas, aléjelas. Para ello, puede utilizar la técnica de meditación comentada en los puntos anteriores.

Dé un paso atrás

Si sospecha que algo o alguien le está afectando negativamente, aléjese de la fuente sospechosa. Aléjese al menos seis metros y observe cómo se siente. No tiene que preocuparse por ofender a los desconocidos. En su lugar, concéntrese en sus niveles de energía. Decir "no" a ciertas energías está perfectamente bien y es una forma de autoprotección. Por ejemplo, si está sentado en un restaurante junto a un grupo bastante ruidoso, cambie la disposición de los asientos o incluso váyase si se siente incómodo. Además, no olvide centrarse en usted mismo. Si sigue intentando complacer a los demás o se preocupa por ofender a los demás, no podrá vivir la vida al máximo. Permitirse alejarse de la situación que le perturba es una forma de autocuidado y autopreservación. Los entornos sociales pueden ser extremadamente abrumadores para un empático. Por lo tanto, no dude en tomarse un descanso de todas estas cosas. Una vez que haya repuesto sus energías, depende totalmente de usted si quiere volver a ese entorno o no.

Desintoxicación con agua

El agua ayuda a eliminar la energía negativa y a disolver el estrés. La forma más sencilla de proteger y preservar su energía es tomando un baño tranquilo. Un baño de sales de Epsom es una forma maravillosa de calmarse. También aporta magnesio, que tiene un efecto calmante. Para potenciar el efecto armonioso general, puede añadir al agua del baño un par de gotas de aceites esenciales calmantes, como la lavanda. Un baño relajante al final de un día agotador le hará sentirse renovado. Además, un buen baño es un gran ritual a la hora de acostarse, ya que un baño relajante puede mejorar la calidad del sueño. Para hacerlo más especial, puede encender algunas velas aromáticas y sumergirse en las bondades del agua.

Conectar con la naturaleza

Los empáticos se sienten atraídos por la naturaleza y la adoran. La naturaleza les hace sentirse seguros y en casa. Les da la oportunidad de conectar con su interior sin preocupaciones ni prejuicios. Al igual que el agua elimina la negatividad, pasar tiempo en la naturaleza tiene un efecto similar. Reconectar con la naturaleza ayuda a sanar las deficiencias energéticas que se experimentan. También ayuda a eliminar la energía negativa y la sustituye por pura positividad. Camine sobre la hierba y permanezca descalzo durante un rato. Deje que sus pies estén en contacto directo con la tierra y sus energías curativas. Estar descalzo produce un efecto de conexión a tierra para los empáticos. Mantenga el contacto directo con la tierra hasta que se sienta tranquilo y restaurado.

No se olvide de expresar su gratitud una vez que la energía curativa de la tierra le haya ayudado. Siga haciendo esto diariamente y verá un cambio positivo.

Todas las técnicas de blindaje comentadas en esta sección son sencillas, pero requieren práctica. Con la práctica constante, el tiempo y el esfuerzo, conseguirá dominarlas. Incluso si no tiene éxito inmediatamente, no se preocupe; siga practicando. La sobrecarga sensorial es bastante común, y si no desea sentirse agotado y ansioso a causa de la energía de otra persona, protéjase. Hágase cargo de su vida y de sus sentimientos. No tiene que ser una víctima; en cambio, aprenda a regular sus sentimientos.

Capítulo 12: El papel de los empáticos en el mundo actual

"¿Cuál es mi propósito en la vida?".

"¿Cuál es mi propósito como empático en la tierra?".

La mayoría de los empáticos luchan por responder a estas dos preguntas comunes, especialmente cuando están aprendiendo a abrazar su empatía y a aprovechar su poder. De hecho, la mayoría de las personas se preguntan sobre el propósito de su vida y el papel que deben desempeñar. Esta pregunta puede sonar profundamente personal e incluso espiritual hasta cierto punto. Al fin y al cabo, todo el mundo quiere formar parte de algo grande o saber que su vida tiene sentido y que no está simplemente perdiendo el tiempo en este planeta. Cuanto más tiempo se deje sin respuesta esta cuestión, más frustrante será. Esta frustración se magnifica para un empático. Es igualmente frustrante reconocer que ha sido bendecido con un don que otros no tienen, y sin embargo no sabe qué se supone que debe hacer con él. No saber para qué sirve este don o qué puede hacer con él puede ser extremadamente preocupante y agotador para un empático.

Como empático, es consciente de su deseo inherente de ayudar a los demás. A los empáticos les encanta ayudar a los demás y a la sociedad en general. Sin embargo, es fácil que se sientan abrumados si pasan periodos prolongados con demasiada gente. Esto, a su vez, hace más difícil determinar el propósito de su vida. El deseo o la necesidad básica de servir a los demás es una característica inherente de todos los empáticos. Por lo general, esto se deriva de algún sufrimiento que los empáticos soportan durante una determinada fase de sus vidas. Al haber experimentado algún dolor, aumenta su necesidad de aliviar la angustia que otros puedan experimentar. Esto, unido a la necesidad de un empático de ser útil, hace que sea aún más importante para un empático determinar su propósito en la vida.

Está bien intentar ayudar a los demás, pero hay una lección importante que toda experiencia dolorosa nos enseña a lo largo de la vida. Es igualmente importante dejar que las personas vivan sus vidas, sin acudir a su rescate cada vez que note algún sufrimiento. Ciertas lecciones están destinadas a ser aprendidas, y a menos que aprendan estas lecciones, seguirán repitiendo los mismos patrones. No todo el sufrimiento es necesariamente malo, y hay un lado positivo incluso en las nubes más oscuras. El sufrimiento ha ayudado a los humanos a evolucionar. Actúa como una comprobación de la realidad que les despierta y les impulsa a buscar un nuevo y mejor camino en la vida. El sufrimiento también puede ser una fuente de iluminación y despertar espiritual. Independientemente de la angustia que la gente haya soportado, necesitan dirección y un sentido de propósito. Es posible que desee ayudar a los demás a encontrar la dirección o el camino correcto para ellos mismos; sin embargo, esto es una decisión personal, y todo lo que puede hacer es ayudarles cuando lo necesiten.

Todos los empáticos son únicos, y lo que puede ser bueno para uno no es necesariamente bueno para otro. Por lo tanto, no se agobie, no se preocupe por los demás y aprenda a concentrarse primero en usted mismo. Desarrolle un sentido agudo de autoconciencia y empatía antes de llegar a los demás. Muchos empáticos creen que no pueden cumplir el verdadero propósito de su vida si no se relacionan con los demás. Esta es la parte en la que la cosa se complica. Como empático, no es posible pasar mucho tiempo con la gente porque se vuelve emocional y mentalmente abrumador.

Una simple verdad que debe aceptar es que no siempre tiene que estar al servicio de los demás directamente. También puede ayudar indirectamente a los demás. Hay varios trabajos entre bastidores que puede realizar para aportar su granito de arena a la sociedad. Cuando se trata de comprender su empatía, aprenda a escuchar su instinto. Confíe en su intuición y déjese guiar por ella. La respuesta a "¿Cuál es el propósito de su vida como empático?" no es algo que se pueda descubrir de la noche a la mañana. Es un viaje de autodescubrimiento. Deje de ser duro consigo mismo y aprenda a ser paciente. El universo tiene algo reservado para todos.

Probablemente ni siquiera se ha dado cuenta, pero hace más por los demás de lo que cree. Ayudar a los demás no significa necesariamente mejorar sus vidas. Puede ser tan sencillo como escucharlos, cuando necesitan ser escuchados o darles el tiempo y el espacio necesarios para curarse. Escuchar también es una gran forma de sanar. Hoy en día, la mayoría de las personas están ocupadas hablando todo el tiempo y rara vez tienen tiempo para escuchar. Están ocupadas pensando en sus historias y en lo que tienen que hacer a continuación. En un mundo así, los empáticos son realmente una raza rara de excelentes oyentes. Lo hacen no solo porque quieren, sino también porque les importa. Como ya hemos dicho, probablemente esté ayudando a los demás de más formas de las que se da cuenta. Por lo tanto, deje de preocuparse y no sea tan crítico consigo mismo.

Si desea hacer del mundo un lugar mejor, concéntrese primero en curarse a sí mismo. Mejórese a sí mismo y ya habrá aportado su granito de arena a la sociedad. Cuando se trata de encontrar el propósito de su vida, escuche a su corazón y siga su intuición. Sin embargo, antes de que pueda empezar a hacerlo con éxito, es importante entender sus energías y mantenerlas bien equilibradas. Si su empatía está desequilibrada, se sentirá ansioso, abrumado y deprimido. Si ha aceptado su empatía y ha adquirido un sentido de equilibrio y control sobre ella, interactuar con los demás se vuelve más fácil. La energía de un empático desequilibrado suele estar distorsionada y sus respuestas intuitivas son limitadas.

Una condición de salud subyacente, los trastornos no diagnosticados, la intolerancia alimentaria o la incapacidad de blindar su energía son razones comunes por las que su empatía no está equilibrada. En estos casos, la forma de interpretar su intuición y de reaccionar ante los que le rodean también es diferente. Si cualquier dolencia física o mental le debilita, no podrá funcionar de forma óptima como empático. También reducirá cualquier inclinación que pueda tener para ayudar a los demás. Por lo tanto, es importante que se ponga la máscara de oxígeno antes de ir a ayudar a los demás. No podrá ayudar a nadie, y mucho menos a usted mismo, si no comprende su empatía.

La buena noticia es que este problema se puede solucionar fácilmente. Usted tiene el control total de su vida, incluso cuando no lo entiende en este momento. Tiene el poder de aceptar y rechazar cualquier energía o emoción que experimente. Nadie más tiene el control sobre esto. Deje de sentirse indefenso e impotente. Es hora de recuperar el control de su vida. Siga los sencillos y prácticos consejos y técnicas comentados en los capítulos anteriores sobre cómo proteger su energía y aprovechar su poder. Cuide de sí mismo y desarrolle un buen régimen de autocuidado.

No se presione y deje de creer que es una máquina incansable. Desarrolle su intuición, proteja su energía, calme su mente y deshágase del estrés innecesario. Al hacerlo, se sentirá más equilibrado y con más energía. También ayudará a determinar su razón y propósito como empático. Recuerde: Su vocación no es solo ayudar a los demás; también es disfrutar de su tiempo en este planeta. Las personas no son inmortales, así que aprenda a disfrutar de una vida mortal. Deje de obsesionarse con la idea de ayudar a los demás hasta el punto de olvidarse de sí mismo en este proceso. Que usted sea un empático no significa que tenga que sufrir para aliviar el sufrimiento de los demás constantemente. Usted estará cometiendo una grave injusticia. Conózcase a sí mismo y respete su empatía. Es un don que debería aprender a valorar. Al mismo tiempo, aprenda a establecer y aplicar límites que le impidan excederse.

La vocecita en su cabeza, que le dice que reduzca el dolor de los demás, es una llamada de su alma. En esencia, le dice que algo no va bien y que tiene que cambiar. Usted tiene todo el poder para ser el cambio que quiere ver en el mundo. Nunca es demasiado tarde para cambiar el rumbo de su vida.

Muchos creen que la empatía es un regalo del universo para ayudar a la humanidad. El agudo sentido de la intuición de un empático y su comprensión del sufrimiento humano le obligan a aportar su granito de arena al mundo. Tómese tiempo para la autorreflexión, medite y concéntrese en responder a las preguntas importantes que tiene sobre su vida. Repase sus rasgos de carácter y todas las habilidades que tiene y anote las diferentes formas de servir a los demás. Sus talentos únicos y un corazón abierto y generoso son los regalos que el mundo necesita ahora mismo. Una vez que se aprovecha y se comprende realmente la empatía, vivir la vida como un empático resulta fácil. También le ayudará a ver el panorama general y a comprender cómo encaja en él.

Conclusión

Disfrutar al máximo de la vida o llevar una existencia despreocupada puede resultar complicado si tiene problemas de empatía. Intente comprender que la empatía es un don hermoso y único con el que solo unos pocos afortunados han sido bendecidos. Los empáticos a menudo se encuentran con dificultades y retos en su vida diaria porque luchan por aceptar su don para la empatía. A menos que comprenda, reconozca y abrace su don con los brazos abiertos, vivir la vida como empático no será fácil. Reconozca sus bendiciones y su vida será maravillosa. En lugar de sentir que falta algo en su vida, concéntrese en los aspectos buenos. El primer paso es aceptar su don para la empatía y trabajar para potenciarlo.

En este libro, se le ha dado toda la información que necesita para comprender la empatía, reconocer sus puntos fuertes, superar las debilidades y aprovechar realmente los poderes de la empatía. Mejorar y fortalecer sus habilidades es tan importante como protegerse de los vampiros energéticos y los narcisistas. A menos que haga esto, lo más probable es que su campo de energía personal se agote rápidamente y se sienta abrumado e inquieto. Si entiende sus habilidades, le resultará más fácil fortalecerse y curarse a sí mismo. Después de todo, no puede ayudar a los demás si no se ha ayudado a sí mismo primero. Por lo tanto, es hora de tomar el control de su vida y empezar a seguir los sencillos consejos que se presentan en este libro.

Ahora que ha descubierto cómo evitar los errores comunes que cometen los empáticos, puede establecer relaciones fuertes y saludables, y encontrar la mejor manera de utilizar su poder. La empatía es un superpoder que debe aceptar. Cuanto antes lo haga, más fácil será aprovechar este don. Como con cualquier otra cosa en la vida, es esencial que sea paciente y considerado consigo mismo. La empatía que reserva para los demás debe dirigirse también hacia usted. Siguiendo la útil información que se ofrece en este libro, se encontrará un paso más cerca de alcanzar la paz interior que desea. Recuerde: La clave de su felicidad está en sus manos. A menos que le dé este poder a otra persona, nadie más puede quitárselo.

Mientras utiliza los consejos prácticos y las técnicas de este libro, sea paciente, compasivo y comprensivo consigo mismo. Cúrese a sí mismo como empático y libere el potencial de su empatía. Tiene el poder de ayudar a cambiar el mundo.

Vea más libros escritos por Mari Silva

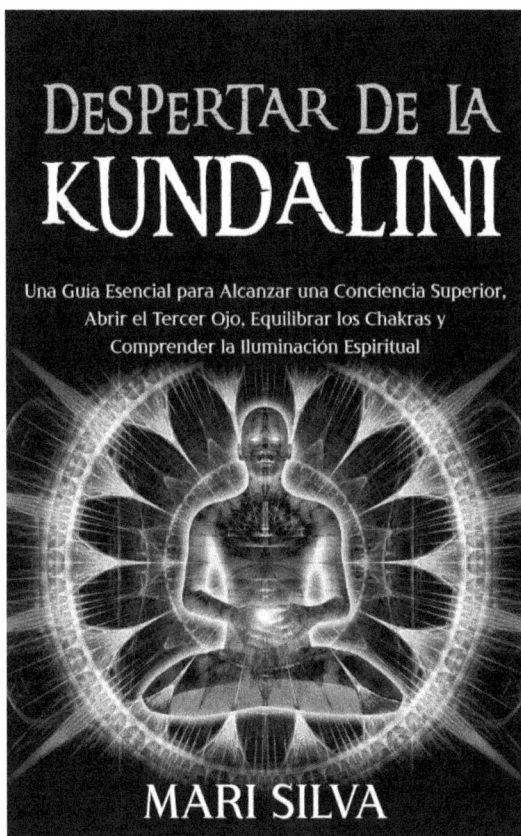

Bibliografía

11 Tipos de empáticos - ¿Qué tipo de empático soy? (2019, 6 de diciembre). Sitio web de Insight: https://www.insightstate.com/spirituality/types-of-empaths/

Allie (2012, 9 de octubre). ¿Es la empatía una debilidad? Sitio web de Allie Creative: http://alliecreative.com/2012/is-empathy-a-weakness/

Brallier, S. (2020, 30 de enero). ¿Cuáles son los pros y los contras de ser un empático? Sitio web de Learn Religions

Amanda, B. (2020, 30 de junio). Las 8 principales desventajas de ser un empático. Sitio web de Exemplore

Burn, S. (2019, 19 de junio). ¿Es la empatía su mayor fortaleza y su mayor debilidad? Sitio web de Psychology Today

Flaker, A. (2016, 9 de febrero). 5 Dolorosas trampas de ser un empático. Sitio web de Chakra Center: https://chakracenter.org/2016/02/09/5-painful-pitfalls-of-being-an-empath/

Gourley, C. (2020). ASCENSIÓN, LA NUEVA TIERRA Y EL PAPEL DEL EMPÁTICO [Vídeo de YouTube]. https://www.youtube.com/watch?v=jbGDmSyA-Ks

Heights, A. (2016, 5 de octubre). Las trampas de la ira para el empático. Sitio web psychicbloggers.com

Hurd, S. (2018, 22 de junio). La verdad sobre los empáticos y las relaciones sobre las que nadie habla. Sitio web de Life Advance: https://www.lifeadvancer.com/truth-empaths-and-relationships/

Cómo afecta la luna llena a su energía y emociones como empático – True Empath. (Sin fecha). https://www.trueempath.com/full-moon-and-empaths/

Judith, O. (Sin fecha). Los 10 rasgos que comparten las personas empáticas. Sitio web de Psychology Today

Markowitz, D. (2017, 28 de octubre). La mejor dieta para empáticos y personas altamente sensibles. Sitio web Self-Care for the Self-Aware: https://www.davemarkowitz.com/blog.php?article=Diet-for-Empaths-and-Highly-Sensitive-Persons_36

Michaela. (2017, 13 de marzo). ¿LA MEJOR DIETA PARA LOS INTROVERTIDOS? Sorprendentes vínculos entre la personalidad y la alimentación. Página web de Introvert Spring: https://introvertspring.com/best-introvert-diet/

Michaela. (2019, 6 de agosto). Cómo crear un hogar amigable para los empáticos. Página web de Introvert Spring: https://introvertspring.com/how-to-create-an-empath-friendly-home/

Orloff, J. (2017, 20 de abril). El poder de ser un empático en la tierra. Sitio web de Elephant Journal: https://www.elephantjournal.com/2017/04/the-power-of-being-an-earth-empath/

Orloff, J. (2019, 19 de marzo). ¿Es usted un empático alimenticio? 6 Estrategias para superar las adicciones a la comida y comer en exceso. Sitio web de Elephant Journal: https://www.elephantjournal.com/2019/03/are-you-a-food-empath-6-strategies-to-overcome-food-addictions-overeating-judith-orloff/

Orloff, J. (2017, 3 de junio). Las diferencias entre los empáticos y las personas altamente sensibles. Sitio web de Judith Orloff MD:

https://drjudithorloff.com/the-difference-between-empaths-and-highly-sensitive-people/

Robertson, R. (2016, 17 de marzo). La fuerza de la empatía. Sitio web de Key Person of Influence: http://www.keypersonofinfluence.com/the-strength-of-empathy/

Rodriguez, D. (2009, 20 de mayo). Cómo llevar una vida equilibrada. Sitio web EverydayHealth.com

Sinclair, G. (2017, 3 de noviembre). 8 Fortalezas no contadas que tienen todos los empáticos. Sitio web de Awareness Act: https://awarenessact.com/8-untold-strengths-all-empath-have/

Los 10 grandes beneficios de ser un empático. (2019, 12 de junio). Sitio web de In5D: https://in5d.com/10-empath-benefits/

Las diferencias entre los empáticos y las personas altamente sensibles. (2017, 3 de junio). Página web de Judith Orloff MD: https://drjudithorloff.com/the-difference-between-empaths-and-highly-sensitive-people/

Así afectan los desastres naturales a los empáticos | Todos los secretos. (2017, 25 de septiembre). Sitio web wholesecrets.com: https://wholesecrets.com/this-is-how-empaths-are-affected-by-natural-disasters/

¿Cuáles son los puntos fuertes de un empático? - Quora. (Sin fecha).

¿Qué es un empático? 15 Señales y rasgos. (2019, 25 de noviembre). Sitio web de Healthline: https://www.healthline.com/health/what-is-an-empath#deep-caring

Winter, C. (2018, 20 de febrero). 6 Razones por las que los empáticos pueden luchar con su peso. Sitio web de A Conscious Rethink: https://www.aconsciousrethink.com/7314/6-reasons-empaths-particularly-prone-weight-issues/

Winter, C. (2018, 10 de diciembre). 9 Razones por las que los empáticos aman tanto la naturaleza. Sitio web de A Conscious Rethink: https://www.aconsciousrethink.com/9412/empaths-in-nature/

Wolfe, D. (2016, 27 de abril). ¿Es usted un empático? ¡ESTE es el tipo de relación que quieres tener! Sitio web de David Avocado Wolfe: https://www.davidwolfe.com/empath-relationship-want-to-be-in/

Wong, A. (2008, agosto). Tener un estilo de vida equilibrado. Sitio web de wikiHow

Van Kimmenade, C. (2014, 22 de julio). 7 Fases para convertirse en un empático experto. Sitio web de The Happy Sensitive: https://thehappysensitive.com/7-phases-of-becoming-skilled-empath/

Valentine, M. (2018, 18 de abril). Estos son los mayores pros y contras de ser un empático. Sitio web de Goalcast: https://www.goalcast.com/2018/04/18/pros-cons-being-an-empath/

Victor Hansen, M. (2011, 3 de febrero). Cómo crear una vida equilibrada: 9 consejos para sentirse tranquilo y con los pies en la tierra. Sitio web de Tiny Buddha: https://tinybuddha.com/blog/9-tips-to-create-a-balanced-life/

www.ingramcontent.com/pod-product-compliance
Lightning Source LLC
Chambersburg PA
CBHW071902090426
42811CB00004B/705